PHILOCTETE,

TRAGÉDIE,

TRADUITE DU GREC DE SOPHOCLE,

EN TROIS ACTES ET EN VERS;

Par M. DE LA HARPE, de l'Académie Française.

Sophocleo quæ carmina digna cothurno? *Virg.*

Prix xxx sols.

A PARIS,
Chez M. LAMBERT & F. J. BAUDOUIN, Imp. Libraires, rue de la Harpe, près S. Côme.

M. DCC. LXXXI.
Avec Approbation & Privilége du Roi.

Le Privilége se trouve à la Tragédie de MENZICOFF, *du même Auteur.*

PRÉFACE.

IL est sans doute bien honorable pour la mémoire de Sophocle, qu'en voulant trouver le chef-d'œuvre de l'ancienne Tragédie, il faille choisir entre deux de ses ouvrages, *l'Œdipe Roi* & le *Philoctete*. Il paraît que l'opinion du plus grand nombre s'est déclarée pour le premier : j'avoue que mon sentiment inclinerait pour le second. Il y a dans l'un, il est vrai, un plus grand intérêt de curiosité ; il y a dans l'autre un pathétique plus touchant. L'intrigue de l'un des deux sujets se développe & se dénoue avec beaucoup d'art : c'est peut-être un art encore plus admirable d'avoir pû soutenir la simplicité de l'autre ; peut-être est-il encore plus difficile de parler toujours au cœur, par l'expression des sentimens vrais, que d'attacher l'attention, & de la suspendre, pour ainsi dire, au fil des événemens. D'ailleurs, on pourrait, ce me semble, faire à la Tragédie d'Œdipe des reproches plus graves qu'à celle de Philoctete : car telle est la condition de l'humanité, qu'il y a des fautes même dans les chef-d'œuvres. Sans parler des défauts essentiels, reconnus dans l'Œdipe, tels que celui du sujet même, qui a quelque chose de révoltant, puisque l'innocence y est la victime des Dieux & de la fatalité, celui des invraisemblances de l'avant-scène, puisqu'il n'est guères probable qu'Œdipe ni Jocaste n'ayent jamais fait aucune recherche sur la mort de Laïus; sans relever d'autres fautes qui tiennent à la nature du sujet, il y en a une dans la texture de la pièce, & qui n'appartient qu'à l'Auteur: c'est la querelle d'Œdipe avec Créon, qui occupe une grande place, & qui est à-la-fois sans intérêt & sans motif. Le Roi de Thèbes accuse son parent avec une témérité & une précipitation inexcusables; je sais bien que cet incident sert à remplir la pièce grecque, & que dans l'Œdipe français, Voltaire s'est servi d'un épisode pareil; mais le besoin d'un remplissage est un défaut, & non pas une excuse; & Sophocle dans Philoctete, sujet encore plus simple que l'Œdipe, s'est passé de cette ressource. On n'y peut remarquer qu'une scène inutile, celle du second acte, où un soldat d'Ulysse, déguisé, vient, par de fausses alarmes, presser le départ de Pyrrhus & de Philoctete, ressort superflu, puisque celui-ci n'a pas de desir plus ardent que de partir au plûtôt. Cette scène ne sert donc qu'à allonger inutilement la marche de l'action, & j'ai cru devoir la retrancher; mais, à cette faute près, si l'on

PRÉFACE.

considére que la pièce, faite avec trois personnages, dans un désert, ne languit pas un moment, que l'intérêt se gradue & se soutient par les moyens les plus naturels, toujours tirés des caractères, qui sont supérieurement dessinés; que la situation de Philoctete, qui semblerait devoir être toujours la même, est si adroitement variée, qu'après s'être montré le plus à plaindre des hommes dans l'Isle de Lemnos, il regarde comme le plus grand des maux d'être obligé d'en sortir; que ce personnage est un des plus théâtrals qui se puisse concevoir, parce qu'il réunit les dernières misères de l'humanité aux ressentimens les plus légitimes, & que le cri de la vengeance n'est chez lui que le cri de l'oppression; qu'enfin, son rôle est d'un bout à l'autre un modèle parfait de l'éloquence tragique; on conviendra facilement qu'en voilà assez pour justifier ceux qui voyent dans cet ouvrage la plus belle conception dramatique dont l'antiquité puisse s'applaudir.

On a regardé comme un défaut, du moins pour nous, l'ombre d'Hercule, qui produit le dénouement. Cette critique ne me paraît pas fondée: certes, ce n'est point ici que le Dieu n'est qu'une machine. Si jamais l'intervention d'une Divinité a été suffisamment motivée, c'est sans contredit dans cette occasion; & ce dénouement, qui ne choque point la vraisemblance théâtrale, puisqu'il est conforme aux idées religieuses du Pays où se passe l'action, est d'ailleurs très-bien amené, nécessaire & heureux. Hercule n'est rien moins qu'étranger à la pièce; sans cesse il y est question de lui; la possession de ses flèches en est le nœud principal; le Héros est son compagnon, son ami, son héritier: Philoctete a résisté & a dû résister à tout: qui l'emportera de lui ou de la Grèce? & qui tranchera plus dignement ce grand nœud qu'Hercule lui-même? De plus, ne voit-on pas avec plaisir que Philoctete, jusqu'alors inflexible, ne cède qu'à la voix d'un demi-Dieu, & d'un demi-Dieu son ami? C'est bien ici qu'on peut appliquer le précepte d'Horace, qui peut-être même pensait au Philoctete de Sophocle, quand il a dit:

Nec Deus intersit, nisi dignus vindice nodus.

Art. Poët.

Quant à moi, j'ose croire que ce dénouement réussirait parmi nous, comme il a réussi chez les Grecs.

Brumoy s'exprime très-judicieusement sur ce sujet, & en général sur les différens mérites de cette Tragédie, qu'il a très-bien développés.

» Les Dieux (dit-il) font entendre que la

PRÉFACE. 7

» victoire dépend de Philoctete & des flèches
» d'Hercule ; mais comment déterminer ce
» guerrier malheureux à secourir les Grecs,
» qu'il a droit de regarder comme les auteurs
» de ses maux ? C'est un Achille irrité qu'il faut
» regagner, parce qu'on a besoin de son bras,
» & l'on a dû voir que Philoctete n'est pas
» moins inflexible qu'Achille, & que Sophocle
» n'est pas au-dessous d'Homère. Ulysse est
» employé à cette ambassade avec Néopto-
» lème*; heureux contraste, dont Sophocle a
» tiré toute son intrigue ; car Ulysse, politique
» jusqu'à la fraude, & Néoptolème, sincère
» jusqu'à l'extrême franchise, en font tout le
» nœud, tandis que Philoctete, défiant &
» inéxorable, élude la ruse de l'un, & ne se
» rend point à la générosité de l'autre, de sorte
» qu'il faut qu'Hercule descende du ciel pour
» dompter ce cœur féroce, & pour faire le
» dénouement. On ne peut nier qu'un pareil
» nœud ne mérite d'être dénoué par Hercule. »
En conséquence de tout ce qu'on vient de
lire, on me demandera pourquoi je ne fais pas
paraître cet Ouvrage sur la scène. Ce serait peut-
être un genre de nouveauté assez piquant &

---

* Pyrrhus ou Néoptolème, est le même personnage sous
différens noms.

assez digne d'attention; ce serait au moins la première fois qu'on aurait vu sur le théâtre français une tragédie grecque, telle à peu-près qu'elle a été jouée sur le théâtre d'Athènes. Nous n'avons eu jusqu'ici que des imitations plus ou moins éloignées des originaux, plus ou moins rapprochées de nos convenances & de nos mœurs; & il y a long-temps que je pense, comme je l'ai dit ailleurs *, que ce sujet est le seul, de ceux qu'ayent traités les Anciens, qui soit de nature à être transporté en entier, & sans aucune altération, sur les Théâtres modernes, parce qu'il est fondé sur un intérêt qui est de tous les temps & de tous les lieux, celui de l'humanité souffrante. Mais indépendamment des raisons que j'ai de ne faire représenter, dans les circonstances actuelles, ni cet ouvrage ni aucun autre (raisons que j'ai indiquées dans la Préface de Menzikoff **), l'opinion avantageuse que j'ai de l'original grec, ne me rassurerait pas absolument sur le sort de la traduction, même en la supposant aussi bonne que j'aurais voulu la faire. Le succès qu'elle a eu à la séance publique de l'Académie Française, ne serait pas même un garant infaillible de celui qu'elle pourrait avoir sur la scène:

---

* Dans l'Essai sur les Tragiques Grecs.
** Cette Tragédie est actuellement sous presse.

PRÉFACE.

le jugement d'une assemblée, quelle qu'elle soit, ne peut s'assimiler aux effets du théâtre. Et qui sait si l'on goûterait beaucoup sur le nôtre un drame grec d'une simplicité si nue, trois personnages dans une Isle déserte, une pièce non-seulement sans amour, mais sans rôle de femme? Il y a là de quoi effaroucher bien des gens. La seule tentative qu'on ait faite en ce genre, soutenue du nom & du génie de Voltaire dans sa force, n'a pas réussi de manière à encourager ceux qui voudraient la renouveler. La Mort de César a obtenu le suffrage de tous les connaisseurs, mais n'a pu encore (peut-être à notre honte) s'établir * sur notre théâtre. C'est en vain que les Étrangers nous reprochent depuis long-temps, non sans quelque raison, cette préférence trop exclusive que nous donnons aux intrigues amoureuses, & d'où naît, dans nos pièces, une sorte d'uniformité, dont l'Auteur de Mérope, d'Oreste & de la Mort de César, s'est efforcé de nous affranchir. Ce grand Homme, dont le goût était si exquis & si exercé, avait senti tout le mérite de cette antique simplicité, qui serait aujourd'hui d'au-

---

* Cet admirable Ouvrage, joué en 1743, n'eut que sept représentations; il n'a été repris qu'aux fêtes de la Paix, en 1763, & depuis il n'a pas reparu.

tant plus recommandable, qu'elle pourrait servir d'antidote contre l'extrême corruption du goût. Mais comment accréditer ce genre de nouveauté, au milieu de la contagion générale, lorsqu'atteints de la maladie des gens rassasiés, nous voudrions au contraire rassembler tous les tableaux dans un même cadre, tous les intérêts dans un drame, tous les plaisirs dans un spectacle, transporter l'Opéra dans la Tragédie, & la Tragédie sur la scène Lyrique? De-là cette perversité d'esprit qui précipite tant d'Écrivains dans le bizarre & le monstrueux : on ne songe pas assez qu'il faudrait prendre garde à ne pas user à-la-fois toutes les sensations & toutes les jouissances, ménager ses ressources afin de les perpétuer, admettre chaque genre à sa place & à son rang, n'en dénaturer aucun, ne rejeter que ce qui est froid & faux, & sur-tout éviter les extrêmes, qui sont toujours des abus.

Je sais que dans le moment où j'écris, un certain nombre d'amateurs s'occupent à ranimer l'étude de l'antiquité; que l'on a su gré à l'Auteur d'*Œdipe chez Admète*, d'avoir si heureusement emprunté les deux plus belles scènes de l'*Œdipe à Colone*, en y ajoutant de nouvelles beautés ; que quelques personnes ont cru pouvoir en tirer un présage pour le succès de Philoctete ; mais je prie qu'on fasse attention que la vieilleſſe d'Œdipe aurait pu nous intéreſſer beaucoup moins, ſans les pleurs d'Antigone; & je n'ai point d'Antigone; en un mot, nous ſommes accoutumés à voir des femmes ſur la ſcène. Je conçois auſſi bien que perſonne comment ce plaiſir a pu devenir un beſoin fort doux; je ne dis pas qu'il fût impoſſible de s'en paſſer avec le génie de Sophocle; mais il eſt auſſi très-poſſible qu'on ne pardonnât pas au Traducteur de l'avoir entrepris.

Et puiſque j'ai parlé d'*Œdipe chez Admète*, cette pièce, malgré ſon mérite réel, qu'on ne m'accuſera pas de méconnaître, n'eſt-elle pas elle-même un exemple de ces ſortes d'alliages où nous jette la crainte de paraître trop ſimple ? Perſonne n'applaudit (*) plus volontiers que moi aux ſuccès d'un Confrère dont j'honore & chéris les talens & l'honnêteté ; mais c'eſt ici le lieu d'invoquer ſon propre témoignage, & de répéter ce que j'ai oſé lui dire à lui-même, & ce qu'il a ſenti mieux que tout autre, parce que l'amour propre du véritable talent eſt toujours ſubordonné à l'amour de l'art & de la vérité. Si M. Ducis ſe fût borné au ſujet d'Œdipe à Colone, qui, à la vérité, ne comportait que trois actes, il eût pu faire un ou-

---

(*) Voyez le Mercure du 15 Décembre 1778.

vrage digne d'être mis en parallèle avec la Mort de César, un tout complet & régulier, qui n'aurait été que plus intéressant en devenant plus simple; & il aurait évité le reproche d'avoir affaibli une pièce d'Euripide en l'amalgamant avec une pièce de Sophocle.

Quoi qu'il en soit, c'est principalement au petit nombre de lecteurs versés dans les lettres grecques & dans l'étude de l'antiquité, que j'offre cette traduction fidelle de l'un des plus beaux ouvrages que l'on ait écrits dans la plus belle des langues connues. C'est sur-tout à cette classe de juges choisis, que je dois rendre compte de mon travail, qu'eux seuls peuvent apprécier : ils se souviendront sans doute que lorsqu'un poëte traduit un poëte, la véritable fidélité de la version consiste à rendre, s'il se peut, toutes les beautés plutôt que tous les mots ; & ce principe, reçu même dans la prose, est d'un usage incontestable quand il s'agit de vers. Ce que je puis assurer, c'est qu'autant que me l'a permis la différence des Langues & le caractère de notre versification, j'ai suivi non-seulement les idées & le dialogue, mais même les tournures & les constructions du texte grec : persuadé qu'en traduisant un écrivain tel que Sophocle, plus on se rapproche de lui, plus on est près de la perfection.

parce que les mouvemens de son style sont toujours ceux de la nature. C'est ce que n'a pas assez senti le P. Brumoy, homme éclairé & écrivain pur, qui connaissait le mérite des anciens, mais qui ne s'était pas assez rempli du génie de leur composition : il semble se faire une loi de ne conserver que le sens de son auteur, & de substituer d'ailleurs l'élégance moderne à cette expression simple, énergique & vraie de la poësie antique : souvent il paraphrase Sophocle, & quelquefois le défigure, comme je l'ai observé dans plusieurs endroits que l'on verra cités dans des notes. Mais on lui pardonnerait plus aisément quelques fautes, toujours difficiles à éviter dans toute traduction, que la disproportion continuelle où il est à l'égard de son original. Peut-être aussi aura-t-on quelque peine à pardonner à son goût & à son jugement, la singulière comparaison qu'il fait de Philoctete avec Nicomède, & qui est le résultat de réflexions d'ailleurs sages & instructives. Voici comme il les termine : (*) » A suivre le goût de l'antiquité, » on ne peut reprocher à cette tragédie aucun » défaut considérable ; tout y est lié, tout y

―――――――――――――――――――

(*) Voyez dans le second Volume du Théâtre des Grecs, les *réflexions sur Philoctete.*

» est soutenu, tout tend directement au but;
» c'est l'action même, telle qu'elle a dû se
» passer. Mais à en juger par rapport à nous,
» le trop de simplicité & le spectacle domi-
» nant d'un homme aussi tristement malheu-
» reux que Philoctete, ne peuvent nous faire
» un *plaisir aussi vif* que les malheurs plus bril-
» lans & plus variés de Nicomède dans Cor-
» neille. »

Ces dernières lignes offrent un rapprochement bien étrange. Quant au *trop de simplicité par rapport à nous*, on a vu que je ne m'éloignais pas de le penser. Il n'en est pas de même du rôle de Philoctete, que Brumoy trouve *si tristement malheureux*. Si j'ai bien compris dans quel sens ces mots peuvent s'appliquer à un personnage dramatique, il me semble qu'ils ne peuvent convenir qu'à celui qui serait dans une situation monotone & irrémédiable; c'est alors que le malheur afflige plus qu'il n'intéresse, parce qu'au théâtre il n'y a guères d'intérêt sans espérance. Mais Philoctete n'est nullement dans ce cas, & ni l'un ni l'autre de ces deux reproches ne peut tomber sur ce rôle, reconnu si éminemment tragique. Enfin, de tous les ouvrages que l'on pourrait comparer au Philoctete de Sophocle, Nicomède est peut-être celui qu'il était le plus extraordinaire de choisir. Quel rapport entre ces deux pièces, quand le principal mérite de l'une est d'abonder en pathétique, & que le plus grand défaut de l'autre est d'en être totalement dépourvue ? On peut assurément, sans manquer de respect pour le génie de Corneille, s'étonner du *plaisir vif* que procure, selon Brumoy, le drame qui est en effet le moins tragique de tous ceux où Corneille n'a pas été absolument au-dessous de lui-même, ouvrage dans lequel il y a quelques traits de grandeur, mais pas un moment d'émotion.

Le grand intérêt du rôle de Philoctete n'avait pas échappé à l'un des plus illustres élèves de l'antiquité, Fénelon, qui, du chef d'œuvre de Sophocle, a tiré le plus bel épisode du sien; c'est encore le morceau du Télémaque qu'on relit le plus volontiers. Fénelon s'est approprié les traits les plus heureux du grec, & les a rendus dans notre langue avec tout le charme de leur simplicité primitive, & en homme plein de l'esprit des anciens, & pénétré de leur substance. Racine le fils, à qui son père avait appris à les étudier & à les admirer, mais qui n'avait pas hérité de lui le talent de lutter contr'eux, a essayé, dans ses *Réflexions sur la Poësie*, de traduire en vers quelques endroits de Sophocle, & en particulier de Philoctete.

Je ne crains pas qu'on m'accuse d'une concurrence mal entendue : tel est mon amour pour le beau, que si sa version m'avait paru digne de l'original, je l'aurais, sans balancer, substituée à la mienne. Mais ceux qui entendent le Grec verront aisément combien le fils du grand Racine est loin de Sophocle : ses vers ont de la correction & quelquefois de l'élégance, mais ils manquent le plus souvent de vérité, de précision & d'énergie ; ses fautes même sont si palpables, qu'il est facile de les faire appercevoir à ceux qui ne connaissent point l'original. Je me bornerai à un seul morceau fort court, mais dont l'examen peut servir à faire voir en même-temps combien les anciens étaient de fidèles inteprètes de la nature, & combien Racine le fils, qui les aime & qui les loue, les traduit infidèlement. Je choisis l'entrée de Philoctete sur la scène : voici la version en prose littérale.

» Hélas ! ô Étrangers ! qui êtes-vous, vous
» qui abordez dans cette terre, où il n'y a ni
» port ni habitation ? quelle est votre patrie ?
» quelle est votre naissance ? A votre habit, je
» crois reconnaître la Grèce, qui m'est toujours
» si chère; mais je voudrais entendre votre
» voix ; & ne soyez point effrayés de mon ex-
» térieur farouche, ne me craignez point, mais
plutôt

PRÉFACE. 17

» plutôt ayez pitié d'un malheureux, feul dans
» un défert, fans fecours, fans appui. Parlez;
» fi vous venez comme amis, que vos paroles
» répondent aux miennes; c'eſt une grace, une
» juſtice que vous ne pouvez me refuſer. »

Voilà Sophocle ; ce langage eſt celui qu'a
dû tenir Philoctete : rien d'eſſentiel n'y eſt omis,
& il n'y a pas un mot de trop ; c'eſt la perfection du ſtyle dramatique. Voici Racine le
fils.

Quel malheur vous conduit dans *cette Iſle ſauvage*,
Et vous force à chercher *ce funeſte rivage* ?
Vous que fans doute ici la tempête a jetés,
De quel lieu, *de quel peuple êtes vous écartés* ?
Mais, quel eſt cet habit *que je revois paraître* ?
N'eſt-ce pas l'habit Grec, *que je crois reconnaître* ?
Que cette vue, ô ciel ! chère à mon ſouvenir,
Redouble en moi l'ardeur de vous entretenir !
Hâtez-vous donc, parlez, qu'il me tarde d'entendre
Les ſons qui m'ont frappé dans l'âge le plus tendre,
Et cette langue, hélas ! que je ne parle plus !
Vous voyez un mortel qui de la terre exclus,
Des hommes & des Dieux ſatisfait la colère :
Généreux inconnus, d'un regard moins ſévère,
Conſidérez *l'objet de tant d'inimitié,*
Et ſoyez moins ſaiſis d'horreur que de pitié.

Ces vers, conſidérés en eux-mêmes, ont de
la douceur, & en général ne ſont pas mal
tournés ; mais jugez-les ſur l'original & ſur

B

la situation, & vous serez étonné de voir combien de fautes, pires que des solécismes, combien de chevilles, d'inutilités, d'omissions essentielles !

D'abord, quelle langueur dans les huit premiers vers, qui tombent tous deux à deux, & se répètent les uns les autres ! quelle uniformité dans ces hémistiches accouplés, *cette Isle sauvage, ce funeste rivage, que je revois paraître, que je crois reconnaître !* Ce défaut serait peut-être moins répréhensible ailleurs; mais ici c'est l'opposé des mouvemens qui doivent se succéder avec rapidité dans l'ame de Philoctete, & que Sophocle a si bien exprimés. Où sont ces interrogations accumulées, qui doivent se presser dans la bouche de cet infortuné qui voit enfin des hommes ?

Quel malheur vous conduit *dans cette Isle sauvage*,
Et vous force à chercher *ce funeste rivage ?*

Supposons un souverain dans sa cour, recevant des étrangers ; parlerait-il autrement ? Ce tranquille interrogatoire ressemble-t-il à ce premier cri que jette Philoctete ? ιώ ξένοι, τίνες ποτ', &c. Hélas ! ô Étrangers ! qui êtes-vous ? Ce cri demande du secours, implore la pitié, & peint l'impatience de la curiosité : rien ne pouvait le suppléer, & les deux premiers vers de Racine

PRÉFACE.

le fils, font une espèce de contre-sens dans la situation.

De quel peuple êtes-vous écartés ?

Ailleurs cette expression pourrait n'être pas mauvaise : ici elle est d'une recherche froide, parce que tout doit être simple, rapide & précis : quel est votre nom ? quelle est votre patrie ? voilà ce qu'il fallait dire ; tout autre langage est faux.

Mais, quel est cet habit ?

Que ce *mais* est déplacé ! & pourquoi interroger ici hors de propos, quand la chose est sous les yeux ? Sophocle dit simplement : » si j'en » crois l'apparence, votre habit est celui des » Grecs. » Et qu'est-ce que *l'ardeur de vous entretenir ?* il est bien question *d'entretien* ; c'est le son de la voix d'un humain, c'est la voix d'un Grec que Philoctète veut entendre ; Sophocle le dit mot pour mot, φωνῆς δ' ἀκοῦσαι βούλομαι, je veux entendre votre voix : quelle différence !

Qu'il me tarde d'entendre
Les sons qui m'ont frappé dans l'âge le plus tendre,
Et cette langue, hélas ! que je ne parle plus !

Ces vers ne sont pas dans le grec, mais ils sont dans la situation, ils sont bien faits ; cependant il eût mieux valu ne pas ajouter ici à Sophocle, & le traduire mieux dans le reste. Ce qu'on lui donne ne vaut pas ce qu'on lui a ôté; il eût mieux valu ne pas commencer par mentir à la nature, ne pas omettre ensuite ce mouvement si vrai & si touchant: « ne soyez » point effrayés à mon aspect, ne me voyez » point avec horreur. » C'est qu'en effet dans l'état où est Philoctete, il peut craindre cette espèce d'horreur qu'une profonde misère peut inspirer. Le Traducteur a reporté cette idée dans le dernier vers; mais une idée ne remplace pas un mouvement de l'ame, ne remplace pas ce beau vers:

κỳ μὴ μ'ὄκνω
διεόντες ἐκπλαγῆς· ἀπηγριώμενον.

Généreux inconnus, d'un regard moins sévère
Considérez l'objet de tant d'inimitié.

Tout cela est vague & faible, & n'est point dans Sophocle; Philoctete ne les appelle point *généreux*, car il ne sait pas encore s'ils le seront; & tout ce qu'il dit, peint la défiance naturelle au malheur; & si leur *regard* est *sévère*, pourquoi les suppose-t-il *généreux*? Ce sont des chevilles qui amènent des inconséquences. Pourquoi leur parle-t-il *de tant d'inimitié*? Toutes ces expressions parasites ne vont point au fait, ne

PRÉFACE.

rendent point ce que dit & ce que doit dire Philoctete : « ayez pitié d'un malheureux aban-
» donné dans un désert, sans secours & sans
» amis. »

Cette analyse peut paraître rigoureuse ; elle n'est pourtant que juste, elle est motivée, évidente, & porte sur des fautes capitales. C'est en examinant dans cet esprit la poësie dramatique, que l'on concevra quel est le mérite d'un Racine & d'un Voltaire, qui, dans leurs bons ouvrages, ne commettent jamais de pareilles fautes ; c'est ainsi que l'on concevra en même-temps pourquoi il n'est pas possible de lire une scène de tant de pièces applaudies un moment par une multitude égarée, & dont les succès scandaleux nous ramènent à la barbarie.

Ce n'était pas un barbare que Châteaubrun, qui emprunta des Grecs sa tragédie *des Troyennes*, pièce touchante, malgré les défauts du plan & les inégalités du style ; mais s'il a réussi à imiter quelques situations d'Euripide, il n'a pas été aussi heureux en traitant le sujet de Philoctete après Sophocle. Sa diction, qui a du naturel & de l'intérêt, quoique souvent faible & incorrecte, s'élève rarement à l'énergie du plus grand des tragiques grecs. Son plan est fort loin de la sublime simplicité de

Sophocle ; son Philoctete est entièrement moderne : il y a mêlé une intrigue d'amour ; Pyrrhus devient tout d'un coup amoureux d'une fille de Philoctete, qu'il n'a fait qu'entrevoir ; & l'on sent qu'une passion si subite, qui ne saurait être d'un grand effet au théâtre, où il faut que tout soit préparé, ne sert qu'à partager l'intérêt qui doit se réunir sur Philoctete. D'ailleurs, Châteaubrun a-t-il pu penser que ce fût la même chose pour ce malheureux Prince, d'être seul dans l'Isle de Lemnos, ou d'y être avec sa fille ? Est-il vraisemblable encore que Sophie soit venue joindre son père, & que depuis dix ans le père de Philoctete & sa famille entière l'aient abandonné ? Un autre inconvénient de la piéce française, c'est que l'auteur, en rejetant le dénouement de Sophocle, a été obligé de faire d'Ulysse son principal personnage & le héros de sa tragédie. C'est lui dont l'éloquence finit par vaincre la haine de Philoctete ; & pour préparer cette révolution, il a fallu affaiblir beaucoup le caractère de ce dernier, & fortifier & embellir celui d'Ulysse, ce qui est contraire à la nature du sujet, & ce qui ne suffit pas même pour justifier le dénouement : car si Philoctete peut être fléchi, est-ce bien par Ulysse, celui de tous les mortels qu'il doit le plus abhorrer ? S'il peut résister à Pyrrhus, qu'il

PRÉFACE.

aime, comment cède-t-il à Ulysse, qu'il déteste? Un changement si peu ordinaire au cœur humain, ne peut pas être amené par des discours : il faut des ressorts plus puissans.

En suivant cette marche nouvelle, non-seulement Châteaubrun s'est privé des plus grandes beautés du Poëte Grec, mais même il a très-peu profité de celles dont il aurait pu faire usage. Par exemple, combien n'a-t-il pas affaibli la belle scène du poison, si déchirante dans Sophocle? Voici à quoi elle est réduite dans l'auteur français :

PYRRHUS.

Partons.

PHILOCTETE.

Ciel ! je me meurs.

PYRRHUS.
Et quelle horreur subite,
Quel trouble s'est fait de votre ame interdite ?

PHILOCTETE.

Ah! Dieux!

PIRRHUS.
Vous gémissez, vous implorez les Dieux ;
Et de vives douleurs sont peintes dans vos yeux.

SOPHIE.
Mon père ! Ciel ! reçois ma vie en sacrifice,
Et fais tomber sur moi son injuste supplice !

PHILOCTETE.

Pyrrhus, que mes tourmens ne vous rebutent pas.

B iv

PYRRHUS.
Votre malheur me touche, & m'attache à vos pas.
PHILOCTETE.
Oui, je puis..... hâtons nous d'atteindre le rivage.
Non, restons...... le poison *se déploye avec rage.*
SOPHIE.
Ah! Seigneur, vous voyez l'horreur de son destin.
PHILOCTETE.
Dieux! quel feu dévorant *se glisse* dans mon sein!
Pyrrhus, tranchez des jours si remplis d'amertume;
Qu'un bûcher allumé m'embrase & me consume.
(*Il rentre dans sa caverne.*)

Retrouve-t-on là ces gradations si bien ménagées dans le Philoctete Grec, ce mélange de douleur, de désespoir & d'effroi, ces efforts qu'il fait pour cacher ses tourmens, cette inquiétude si naturelle & si intéressante, qui lui fait craindre sans cesse que l'horreur de son état ne rebute la pitié de Pyrrhus; ces supplications qu'il lui adresse, ces sermens qu'il lui demande, enfin tous ces grands développemens qui portent jusqu'au fond du cœur l'intérêt d'une situation dramatique?

Ce n'est pas qu'il n'y ait des beautés dans l'ouvrage, & qui, même, n'appartiennent qu'à l'auteur; tels sont ces deux beaux vers de Philoctete, parlant à Ulysse & aux Grecs:

Un oracle fatal vous a glacés d'effroi;
Vous vous trouvez pressés entre les dieux & moi.

PRÉFACE.

Tel est encore cet endroit de son récit:

Loin des hommes cruels, injustes & sans foi,
Quelquefois mon désert eut des attraits pour moi:
Les bienfaits n'avaient pu m'attacher les Atrides,
Je sus apprivoiser jusqu'aux monstres avides.

Mais ailleurs on voit avec peine les lieux communs du bel esprit moderne, comme des parures de nos jours, qu'un peintre mêlerait dans un sujet de l'antiquité. Pyrrhus, en considérant le sort de Philoctete, s'exprime ainsi dans un monologue:

Quel contraste, grands Dieux ! dès la plus tendre enfance,
On étale à nos yeux la superbe opulence,
On écarte de nous jusqu'à l'ombre des maux,
On n'offre à nos regards que de rians tableaux ;
Pour ne point nous déplaire, on nous cache à nous-mêmes,
On ne nous entretient que de grandeurs suprêmes ;
On ajoute à nos noms des noms ambitieux ;
Autant que l'on le peut, on fait de nous des dieux.
Victimes des flatteurs, malheureux que nous sommes,
Que ne nous apprend-t-on que les rois sont des hommes?

Il est clair que l'auteur, ne songeant qu'au temps où il écrivait, a oublié que dans les temps héroïques, tels qu'ils sont décrits dans Homère, les rois n'étaient pas élevés comme ils l'ont été depuis, dans le luxe & la corruption des grands empires ; que l'éducation

PRÉFACE.

qu'Achille avait reçue de Chiron, ne l'avait pas amolli, & que le fils d'Achille n'avait pas besoin de voir Philoctete à Lemnos, pour savoir *que les rois font des hommes*. Ces vers, qui pourtant furent applaudis à cause des *rois & des hommes*, ne font donc qu'une vaine déclamation, qui aurait paru bien déplacée sur le théâtre d'Athènes.

Je m'explique sur cet objet avec d'autant plus de liberté, que je ne crois pas qu'on m'attribue la prétention de lutter contre le Philoctete de Châteaubrun : son ouvrage, au sujet près, est à lui ; le mien est tout entier à Sophocle ; car je ne compte pour rien le très-petit nombre de vers que j'ai été obligé d'ajouter à ma traduction, & que j'ai marqués avec des guillemets, par un excès de scrupule, & pour faire mieux comprendre quelle a été mon exactitude dans tout le reste. Je dois même exposer le motif de ces légères additions.

Dans la première scène, je fais dire à Pyrrhus, au moment où il cède aux raisons d'Ulysse :

Je dois venger un père & soutenir son nom ;
Cet honneur n'appartient qu'au vainqueur d'Ilion ;
J'ai, pour le mériter, fait plus d'un sacrifice...
A Philoctete au moins, je puis sans artifice,
Me plaindre des affronts dont je fus indigné ;

PRÉFACE.

Je tairai seulement que j'ai tout pardonné.
Puisqu'il le faut enfin, je consens qu'il ignore
Qu'offensé par les Grecs, Pyrrhus les sert encore.
Il en coûte à mon cœur, & je cède à regret.

Ces vers ajoutés ont pour but d'instruire le lecteur que Pyrrhus, dans tout ce qu'il raconte ensuite à Philoctete, ne lui dit que la vérité, & ne le trompe qu'en lui faisant croire qu'il abandonne les Grecs, & qu'il retourne à Scyros. Sophocle n'avait pas besoin de cette précaution avec des spectateurs instruits comme lui de ces événemens; mais elle était nécessaire pour des lecteurs Français, qui, sans cela, pourraient ne pas distinguer dans la scène suivante ce qui est conforme à la vérité, & ce qui ne l'est pas. Par la même raison, j'ai fait dire à Pyrrhus, au troisième acte, en parlant de la Grèce:

...... Je veux bien pour elle
Oublier, je l'avoue, une injure cruelle.
Mon cœur, qui s'en plaignait, ne vous a point déçu;
Mais j'immole à l'État l'affront que j'ai reçu:
Imitez mon exemple.

Le monologue qui ouvre le second acte, est aussi entièrement de moi; il était nécessaire pour préparer l'aveu que Pyrrhus va faire à Philoctete, & annoncer l'impression qu'a faite sur lui le spectacle des douleurs de cet infortuné. Ce changement est indiqué dans le grec lorsque Philoctete quitte la scène, & que Pyrrhus reste avec le Chœur: retranchant ce Chœur, ainsi que tous les autres, il a fallu y suppléer par un monologue, puisque la pièce n'a point de confidens.

On sait ce qu'étaient les Chœurs chez les Grecs, des morceaux de poësie lyrique, souvent fort beaux, qui tenaient à leur système dramatique, mais qui ne servaient de rien à l'action, & quelquefois même la gênaient. Je les ai supprimés tous, comme inutiles & déplacés dans une traduction française qui peut être jouée. Je n'en ai conservé qu'un, dont j'ai mis les paroles dans la bouche de Pyrrhus, au premier acte, parce qu'il exprime des idées & des sentimens analogues à la situation & au caractère de Pyrrhus.

Ce caractère n'a pas été à l'abri de la critique; on a reproché au fils d'Achille de se plier à la dissimulation, & même de savoir à son âge trop bien dissimuler. Mais que l'on songe qu'il avait ordre de suivre en tout les conseils d'Ulysse, & que s'il ne les suit pas, il perd toute espérance de prendre Troye & de venger son père. Voilà sans doute des motifs suffisans pour Pyrrhus; & les leçons d'Ulysse sont si bien tracées, qu'il ne faut pas une grande

PRÉFACE.

expérience pour les suivre; & avec quel plaisir on voit ensuite ce jeune guerrier revenir à son caractère, qu'il n'a pu forcer qu'un moment, & se rendre à la pitié, après avoir cédé à la politique ? Que le moment où il rend les flèches à Philoctete, est noble & attendrissant ! & que c'est bien-là le tableau de la nature !

Enfin, si cette Traduction, (dans laquelle je n'ai retranché du texte qu'environ une soixantaine de vers, qui m'ont paru allonger le dialogue) peut plaire à ceux qui connaissent la poësie de Sophocle, & en donner aux autres une idée plus fidelle que les versions en prose que nous en avons, je serai assez payé de mon travail, qui, malgré ses difficultés, a été pour moi un plaisir, qu'on ne peut goûter qu'en traduisant un homme de génie. Il est doux d'être soutenu par le sentiment d'une admiration continuelle, & c'est alors que l'on jouit de ce qu'on ne saurait égaler.

APPROBATION.

J'AI lu, par ordre de Mgr le Garde des Sceaux, les Œuvres de M. DE LA HARPE, de l'Académie Françoise, contenant les *Tragédies de Philoctete & de Menzicoff*. A Paris, le 27 Janvier 1781.

GAILLARD.

PERSONNAGES.

PHILOCTETE.

ULYSSE.

PYRRHUS.

HERCULE, *dans un nuage.*

UN GREC.

SOLDATS.

La Scène est à Lemnos.

PHILOCTETE,
TRAGÉDIE.

ACTE PREMIER.

Le Théâtre repréſente le bord de la mer. On voit de côté & d'autre différentes ouvertures entre des rochers; mais la grotte de Philoctete eſt ſuppoſée ne pouvoir être vue que dans le fond du Théâtre.

SCÈNE PREMIÈRE.
ULYSSE, PYRRHUS, *deux Soldats Grecs.*

ULYSSE.

Nous voici dans Lemnos, dans cette Iſle ſauvage,
Dont jamais nul mortel n'habita le rivage.
Du plus vaillant des Grecs, ô vous, fils & rival,
Fils d'Achille, ô Pyrrhus ! c'eſt ſur ce bord fatal,

Au pied de ces rochers, près de cette retraite,
Que l'on abandonna le triste Philoctete.
C'est moi qui l'ai rempli cet ordre de rigueur.
Il le fallait : frappé par quelque Dieu vengeur,
D'une incurable plaie éprouvant les supplices,
Il troublait de ses cris la paix des sacrifices,
De son aspect impur blessait leur sainteté,
Et souillait tout le camp de sa calamité.
Mais laissons ce récit : le tems, le danger presse.
Je veux rendre aujourd'hui Philoctete à la Grèce.
S'il sait que dans cette Isle Ulysse est descendu,
De nos travaux communs tout le fruit est perdu :
Je dois fuir ses regards. Vous, dont le noble zèle
Promit à mes projets l'appui le plus fidèle,
Approchez de cet antre, & voyez son séjour :
Par une double issue il est ouvert au jour ;
Un ruisseau, si le tems n'a point tari son onde,
Coule des flancs creusés d'une roche profonde.
Vous pouvez aisément reconnaître à ces traits
L'asyle qu'il habite : observez-en l'accès.
Tâchez de découvrir s'il est dans sa demeure.
S'il est absent, je puis vous apprendre sur l'heure
Quels grands desseins ici je dois exécuter,
Et sur-tout quels secours vous devez leur prêter

  PYRRHUS, *s'avançant au fond du Théâtre.*
Au premier de vos soins je m'en vais satisfaire.
Oui, je crois voir déjà ce sauvage repaire,
Cette grotte....

       ULYSSE.

TRAGÉDIE.

ULYSSE.

Au sommeil peut-être est-il livré.

PYRRHUS.

Nul homme ne se montre en ce lieu retiré.
Tout ce que j'apperçois, c'est un lit de feuillage,
Un vase d'un bois vil & d'un grossier ouvrage...

ULYSSE.

Ce sont-là ses trésors.

PYRRHUS.

Des rameaux dépouillés...
Que dis-je! des lambeaux que le sang a souillés.
Ah! Dieux!

ULYSSE.

C'est sa retraite : à nos yeux tout l'atteste.
Sans doute il n'est pas loin ; sa blessure funeste
Laisse bien peu de force à ses pas douloureux.
Pourrait-il s'écarter? Hélas! le malheureux
Est allé sur ces bords chercher sa nourriture,
Quelque plante, remède aux tourmens qu'il endure.
(*Aux Soldats.*)
Vous, d'un œil attentif, observez tout, Soldats ;
Que son retour ici ne nous surprenne pas.
De tous les Grecs, objets du courroux qui l'anime,
C'est Ulysse sur-tout qu'il voudrait pour victime.

(*Les deux Soldats s'éloignent.*)

C

PYRRHUS.

Il suffit. On se peut assurer sur leur foi.
Sur vos desseins secrets ouvrez-vous avec moi.
Parlez.

ULYSSE.

  Fils d'un Héros, songez bien que la Grèce
A de ses intérêts chargé votre jeunesse.
L'État n'a point ici besoin de votre bras,
Et la seule prudence y doit guider vos pas,
Doit fléchir la hauteur de votre caractère.
Quoi qu'on exige enfin de notre ministère,
Pour servir la Patrie, il faut nous réunir;
Elle attend tout de vous, & doit tout obtenir.

PYRRHUS.

Que faut-il?

ULYSSE.

  Il s'agit de tromper Philoctete.
Je vois l'étonnement où ce seul mot vous jette;
Mais, n'importe, écoutez: il va vous demander
Qui vous êtes, quel sort vous a fait aborder
Sur les rochers déserts qui défendent cette Isle:
Dites-lui, sans détour, je suis le fils d'Achille.
Mais feignez qu'animé d'un fier ressentiment,
Et contre des ingrats irrité justement,
Vous retournez au lieu où vous prîtes naissance,
Que vous abandonnez les Grecs & leur vengeance;
Les Grecs qui, supplians, abaissés devant vous,

Trop instruits qu'Ilion doit tomber sous vos coups,
Ont au pied de ses murs conduit votre courage,
Et qui de vos bienfaits vous payant par l'outrage,
Près du tombeau d'Achille ont dépouillé son fils,
De vos exploits, des siens, vous ont ravi le prix,
Et préférant Ulysse, ont à votre prière
Refusé l'héritage & l'armure d'un père.
Contre moi-même alors, s'il le faut, éclatez
En reproches amers par le courroux dictés,
Sans craindre que ma gloire en paraisse flétrie:
On ne peut m'offenser en servant la Patrie;
Et vous la trahissez, si Philoctete enfin
Echappe au piége adroit préparé par ma main.
Ne vous y trompez pas : sans les flèches d'Hercule,
En vain vous nourrissez l'espérance crédule
De renverser les murs du superbe Ilion;
Oui, pour marquer le jour de sa destruction,
Il faut que Philoctete aille aux remparts de Troye,
Et des flèches qu'il porte Ilion est la proye.
Vous seul de tous les Grecs, vous pouvez aujourd'hui,
Sans crainte & sans danger, paraître devant lui.
Il ne peut avec eux vous confondre en sa haine;
Vous n'avez point prêté le serment qui m'enchaîne.
Vous n'eûtes point, trop jeune au gré de votre ardeur,
De part à nos exploits, non plus qu'à son malheur.
Mais, s'il savait qu'Ulysse a touché ce rivage,
Nous devons, vous & moi, tout craindre de sa rage.
C'est la ruse, en un mot, qui seule dans vos mains

C ij

Fera passer ces traits dont les coups sont certains;
Ces traits, dépôt fatal, trésor cher & terrible,
Armes d'un demi-Dieu, qui l'ont fait invincible.
Je connais votre cœur, il feint mal-aisément;
Sans doute il n'est pas né pour le déguisement.
Mais le prix en est doux, Seigneur; c'est la victoire.
L'artifice est ici le chemin de la gloire.
Osez ¹ tromper pour vaincre, & n'en croyez que moi.
Ailleurs de l'équité suivons l'austère loi;
Sachons-en respecter les bornes légitimes;
Aujourd'hui seulement oublions ses maximes.
Je ne veux rien qu'un jour, un seul jour; désormais
A vous, à vos vertus, je vous rends pour jamais.

PYRRHUS.

A suivre vos conseils comment puis-je descendre ²?
Loin de les approuver, je souffre à les entendre.

---

¹ Brumoy traduit: *Osons faire un crime léger, mais nécessaire.* Cette phrase, qui n'est point dans l'original, est très-déplacée dans la traduction. Sophocle ne met qu'un seul mot, qui forme une espèce de réticence très-adroite: τολμᾷ, « osez, & nous serons ensuite vertueux. » Il ne se sert point du mot de *crime*, qui est beaucoup trop fort pour la situation, & qui blesserait trop l'oreille de Pyrrhus. Ulysse dit seulement: « livrez-vous à moi, & oubliez de rougir pendant quelques heures. » εἰς ἀναιδὲς, ἡμέρας μέρος βραχύ, δὸς μοι σεαυτόν. Il a observé les convenances, & le Traducteur les viole.

² Brumoy traduit: *vos conseils me font horreur à entendre.* Le Traducteur commet ici encore la même faute. Il outre l'expression

TRAGÉDIE.

Cessez, fils de Laërte, un semblable discours;
Achille ne m'a point instruit à ces détours:
A son sang, comme à lui, la fraude est étrangère,
Et ce n'étaient point là les armes de mon père.
S'il nous faut entraîner Philoctete aux combats,
Je prétends contre lui n'employer que mon bras.
Faible & seul contre tous, où serait sa défense?
J'ai promis avec vous d'agir d'intelligence;
Mais dût-on m'accuser de faiblesse & d'erreur,
Je crains le nom de traître, il me fait trop d'horreur.
J'aime mieux, s'il le faut, succomber avec gloire,
Que d'avoir à rougir d'une indigne victoire.

ULYSSE.

Et moi, Pyrrhus, aussi, comme vous autrefois, 3
Sans peur dans les dangers, dans les conseils, sans voix,
Je crus que la valeur seule pouvait tout faire.
Aujourd'hui que le tems me détrompe & m'éclaire,

---

qui est juste dans l'original. Il y a dans le grec: αλγω κλυων; mot à mot, je souffre à les entendre. Si le Traducteur avoit fait réflexion que Pyrrhus finit par sacrifier ses répugnances si justes & si nobles, il n'auroit pas employé le mot d'*horreur*. Ces nuances sont essentielles à la vérité dramatique.

3 Brumoy traduit: *Prince trop généreux, j'approuve de si beaux & de si nobles sentimens.* Il n'y a pas un mot de cela dans l'original: « fils d'un Héros, & moi aussi, quand j'étais jeune, » j'ai cru, &c. » κ'αυτος ων νεος ποτε, &c. Combien ce dialogue est plus vif & plus précis!

Je vois qu'il faut sur-tout, pour régir des États,
Que la tête commande & conduise le bras.

PYRRHUS.

Mais quoi ! c'est un mensonge enfin qu'on me demande.

ULYSSE.

Le mensonge est léger ; la récompense est grande.

PYRRHUS.

De fléchir ce Guerrier n'est-il aucun moyen ?

ULYSSE.

La douceur ni la force ici ne peuvent rien.

PYRRHUS.

La force ! ce mortel est-il donc indomptable ?

ULYSSE.

Ses traits portent la mort, la mort inévitable.

PYRRHUS.

Ainsi, l'on risque même à s'offrir devant lui ?

ULYSSE.

Oui, si l'art ne vous sert & de guide & d'appui.

PYRRHUS.

Trahir la vérité ! le peut-on sans bassesse ?

ULYSSE.

On le doit, s'il s'agit du salut de la Grèce.

PYRRHUS.

Me résoudre à tromper ! moi, Seigneur ! j'en rougis.

ULYSSE.

Eh ! comment rougit-on de servir son pays ?

TRAGÉDIE.

PYRRHUS.
Quoi ! pour servir les Grecs, n'est-il point d'autre voie ?
ULYSSE.
A Philoctete enfin les Dieux ont promis Troie.
PYRRHUS.
Ainsi l'on m'abusait, lorsqu'on a prétendu
Qu'à mes destins, à moi, ce triomphe était dû ;
Et mon cœur que flatta son erreur & la vôtre,
S'enivrait d'un honneur ………………

ULYSSE.
La gloire entre tous deux ………………
Il ne peut rien sans ……… Pyr ………

PYRRHUS
» Eh bien, des Immortels il fau ……… mele ;
» A leurs profonds desseins qui pourrait m……… obstacle ?
» Je dois venger un père, & soutenir son nom :
» Cet honneur n'appartient qu'au vainqueur d'Ilion.
» J'ai, pour le mériter, fait plus d'un sacrifice …
» A Philoctere au moins je puis, sans artifice,
» Me plaindre des affronts dont je fus indigné ;
» Je tairai seulement que j'ai tout pardonné.
» Puisqu'il le faut enfin, je consens qu'il ignore,
» Qu'offensé par les Grecs, Pyrrhus les sert encore.
» Il en coûte à mon cœur, & je cède à regret. »

ULYSSE.
Accomplissez des Dieux l'immuable décret.
Le prix de la sagesse & celui du courage,
De qui leur est soumis est le double apanage.

PYRRHUS.

Je bannis tout scrupule... on le veut... j'obéis.

ULYSSE.

Mes conseils dans ce cœur sont-ils bien affermis?
Puis-je compter sur vous?

PYRRHUS.

Ma parole est un gage,
Qui doit vous rassurer.

ULYSSE.

Je retourne au rivage.
Demeurez: attendez Philoctete en ces lieux.
Je vous laisse un moment; & que puissent les Dieux,
Mercure protecteur, Minerve tutélaire,
De nos soins partagés assurer le salaire.
Adieu.

SCÈNE II.

PYRRHUS, seul.

La pitié parle à mon cœur combattu.
Sous quel affreux destin Philoctete abattu
Traîne depuis dix ans sa vie infortunée!
Sa misère en ces lieux gémit abandonnée.
Tourmenté de sa plaie, assiégé de besoins,
Il souffre sans remède, il pleure sans témoins.

Seul, il conte ſes maux à la mer, au rivage,
Sans avoir un ami dont la voix le ſoulage.
Ignorant la douceur des ſoins compatiſſans,
Il n'a point de ſoutien de ſes jours languiſſans,
Pas même ce plaiſir, ſi cher aux miſérables,
De voir, d'entretenir, d'entendre ſes ſemblables.
De l'aſpect des humains privé dans ſes malheurs,
L'écho ſeul des rochers répond à ſes douleurs.
Quel ſort! & cependant, illuſtre dans la Grèce,
Égal à tous nos Chefs, en courage, en nobleſſe,
Pour un autre avenir il ſemblait deſtiné :
A cette épreuve, hélas! les Dieux l'ont condamné!
Nos jours ſont leur préſent; nos deſtins, leur ouvrage :
Heureux qui de leur main ne reçut en partage
Que cet état obſcur, que du moins leur faveur
Eloigna des dangers qui ſuivent la grandeur!
Mais un ſoldat revient.

SCÈNE III.

PYRRHUS, UN SOLDAT.

LE SOLDAT.

Philoctète s'approche
Dans un ſentier étroit, non loin de cette roche;
Je l'ai vu ſe traîner d'un pas appeſanti,
Tremblant, par la douleur ſans ceſſe rallenti.
Il m'a vu ; ſur mes pas ſans doute il va paraître.

SCÈNE IV.

PYRRHUS, PHILOCTETE, *deux Soldats*.

PHILOCTETE.

Hélas! au nom des Dieux, qui que vous puissiez être,
Etrangers, que les vents dans cette Isle ont portés,
D'où venez-vous chercher ces bords inhabités ?
Et quel est votre nom ? quelle est votre Patrie ?
Vous m'offrez de la mienne une image chérie ;
Oui, c'est l'habit des Grecs qu'avec transport je vois.
Répondez, que je puisse entendre votre voix,
Reconnaître des Grecs l'accent & le langage.
Ah ! n'ayez point d'horreur de mon aspect sauvage.
Je ne suis point à craindre : ayez, ayez pitié
D'un malheureux, du monde & des Dieux oublié.
La grace que de vous ici je dois attendre,
C'est qu'au moins vous daigniez me parler & m'entendre.

PYRRHUS.

Soyez donc satisfait, nous sommes Grecs.

PHILOCTETE. 4

     O Ciel !
Après un si long temps d'un exil si cruel,

---

4 Réponse favorable à mon impatience !
Chère & douce parole, après tant de silence !

TRAGEDIE.

O que cette parole à mon oreille est chère!
Quel dessein, ou pour moi quel vent assez prospère,
A guidé vos vaisseaux & vous mène en ces lieux?
Parlez, & contentez mes desirs curieux.

PYRRHUS.

On me nomme Pyrrhus; je suis le fils d'Achille,
Je suis né dans Scyros, & retourne à cette Isle.
Vous savez tout.

PHILOCTETE.

    O fils d'un mortel renommé,
D'un Héros que jadis mon cœur a tant aimé!
O du vieux Lycomède & l'éleve & la joie!
De quels bords venez-vous?

PYRRHUS.

    Des rivages de Troye.

PHILOCTETE.

Comment? vous n'étiez point au nombre des Guerriers
Qui contre ses remparts marchèrent les premiers.

C'est donc toi que j'entends! Quoi! mon fils, je te vois!
Quel destin, quel hasard, quel vent heureux pour moi,
T'a conduit jusqu'ici, consolateur aimable,
Pour essuyer enfin les pleurs d'un misérable?

          Racine le fils.

Fils d'un père fameux, digne appui de son nom,
O! du vieux Lycomède illustre nourrisson,
Habitant d'un pays si doux à ma mémoire,
Hélas! est-ce toi même? oserai-je le croire?
D'où viens-tu? quels vaisseaux t'amènent en ces lieux?

          Racine le fils.

PYRRHUS.

Vous-même, en étiez-vous ?

PHILOCTETE.

Vous ignorez peut-être
Quel mortel devant vous le destin fait paraître.

PYRRHUS.

(à part)   (haut)
» Il faut dissimuler. » D'où puis-je le savoir ?
Pour la première fois nous venons de vous voir.

PHILOCTETE.

Quoi ! mon nom, mes revers, ma funeste aventure !

PYRRHUS.

Je n'en ai rien appris.

PHILOCTETE.

O comble de l'injure !
Eh bien ! suis-je en effet assez infortuné,
Des Dieux & des mortels assez abandonné ?
La Grèce de mes maux n'est pas même informée ;
On en étouffe ainsi jusqu'à la renommée ;
Et quand le mal affreux dont je suis consumé,
Devient plus dévorant & plus envenimé,
Mes lâches oppresseurs, dans leur secrète joie,
Insultent aux tourmens dont ils m'ont fait la proie.
O mon fils ! vous voyez délaissé dans Lemnos,
Ce Guerrier, autrefois compagnon d'un Héros,
Inutile héritier des traits du grand Alcide,
Philoctete, en un mot, que l'un & l'autre Atride,

Excités par Ulysse à cette lâcheté,
Et seul & sans secours dans cette isle ont jeté,
Blessé par un serpent de qui la dent impure
M'infecta des poisons d'une horrible morsure.
Les cruels!... De Chrysa, vers les bords Phrygiens,
La victoire appelait leurs vaisseaux & les miens.
Nous touchons à Lemnos : fatigué du voyage,
Le sommeil me surprend sous un antre sauvage.
On saisit cet instant, on m'abandonne, on part ;
On part, en me laissant, par un reste d'égard,
Quelques vases grossiers, quelque vile pâture,
Des voiles déchirés, pour sécher ma blessure,
Quelques lambeaux, rebut du dernier des humains :
Puisse Atride éprouver de semblables destins !
Quel réveil ! quel moment de surprise & d'alarmes !
Que d'imprécations ! que de cris & de larmes !

« O réveil ! ô moment de surprise & d'alarmes !
O spectacle ! ô douleur ! que de cris ! que de larmes !
Lorsque je me vis seul couché dans ces déserts,
Et mes vaisseaux sans moi fendant le sein des mers !
J'appelle, mais en vain, mes compagnons perfides,
Et d'imprécations accablant les Atrides,
Quand je jette par-tout un regard empressé,
Je ne trouve par-tout que ce qu'ils m'ont laissé,
Un sauvage rocher, solitude cruelle,
Et de gémissemens une source éternelle.
Quel sera le soutien de mes malheureux jours ?
Le tems m'y fit songer : mon arc fut mon secours.

Lorsqu'en ouvrant les yeux, je vis fuir mes vaisseaux
Que loin de moi les vents emportaient sur les eaux!
Lorsque je me vis seul, sur cette plage aride,
Sans appui dans mes maux, sans compagnon, sans guide!

Aux habitans de l'air je déclarai la guerre;
Mais réduit à traîner mes membres contre terre,
Pour chercher les oiseaux, par mes flèches percés,
Ou des restes de bois avec peine amassés,
Par combien de douleur ma pénible industrie
Me fit-elle acheter une mourante vie!
Le feu qu'en soupirant j'arrache des cailloux,
De mes tristes hivers m'adoucit le courroux.
Dans l'horreur de cette Isle inculte, inhabitée,
Sans commerce, sans port, loin du monde écartée,
Et dont les voyageurs craignent tous d'approcher,
Dans ces horribles lieux, que viendroient-ils chercher?
Non, ce n'est qu'à des vents pour eux impitoyables,
Que je dois la douceur de revoir mes semblables.
Les uns m'ont accordé quelques vieux vêtemens,
Les autres m'ont laissé des restes d'alimens:
Tous m'ont plaint; mais, hélas! ô tendresse inutile!
Qu'ai-je gagné de plus de leur pitié stérile?
Tous m'ont abandonné: d'un horrible fardeau,
Qui voudroit, ô mon fils! infecter son vaisseau?
Tel est l'état affreux où depuis tant d'années,
Je remplis constamment mes dures destinées.
Aux Atrides cruels, voilà ce que je doi.
Ulysse leur apprit à se venger de moi.
Dans ce supplice lent, c'est ma mort qu'ils attendent;
Voilà ce qu'ils m'ont fait; que les Dieux le leur rendent!

Racine le fils.

TRAGÉDIE.

Jetant de tout côté des regards de douleur,
Je ne vis qu'un défert, hélas ! & le malheur,
Tout ce qu'on m'a laiffé, le défefpoir, la rage !...
Le tems accrut ainfi mes maux & mon outrage.
J'appris à foutenir mes miférables jours.
Mon arc, entre mes mains feul & dernier recours,
Servit à me nourrir ; & lorfqu'un trait rapide
Faifait, du haut des airs, tomber l'oifeau timide,
Souvent il me fallait, pour aller le chercher,
D'un pied faible & fouffrant, gravir fur le rocher,
Me traîner, en rampant, vers ma chétive proie;
Il fallait employer cette pénible voie
Pour brifer des rameaux, & pour y recueillir
Le feu que des cailloux mes mains faifaient jaillir.
Des glaçons, dont l'hiver blanchiffait ce rivage,
J'exprimais avec peine un douloureux breuvage.

---

7 J'ai fuivi ici un fens différent de celui de Brumoy ; il traduit ainfi : « je rampais de même pour chercher de l'eau, & quand il falloit couper le bois qui m'étoit néceffaire, *fur-tout dans les rigueurs de l'hiver, où l'Ifle eft inondée*, je n'en venais à bout qu'avec d'extrêmes travaux. » Voici les vers grecs :

Πρὸς τοῦτ' ἄν εἴ τ' ἔδει τι κỳ ποτὸν λαβεῖν,
Καί που πάγε χυθέντος, οἷα χείματι
Ξύλον τι θραῦσαι, ταῦτ' ἂν ἐξέρπων τάλας
Ἐμηχανώμην.

La feule équivoque qui puiffe s'offrir dans le texte, eft dans ces mots πάγε χυθέντος, la glace étant fondue, que Brumoy expli-

Enfin, cette caverne & mon arc destructeur,
Et le feu, de la vie heureux conservateur,
Ont soulagé du moins les besoins que j'endure;
Mais rien n'a pu guérir ma funeste blessure.
Nul commerce, nul port aux voyageurs ouvert,
N'attire les vaisseaux dans ce triste désert.
On ne vient à Lemnos que poussé par l'orage;
Et depuis si long-tems errant sur cette plage,
Si j'ai vu des nochers, malgré tous leurs efforts,
Pour obéir aux vents, descendre sur ces bords,
Je n'en obtenais rien qu'une pitié stérile,
Des consolations le langage inutile,

---

que par l'*Isle inondée*. Mais pour adopter ce sens, il faut faire quelque violence à la construction naturelle, & changer la ponctuation. Car Brumoy a dû lire ainsi le second Vers, en mettant une virgule après χείματι, qui n'est point dans le texte,

Καὶ πῦ πάγε χυθέντος, οἷα χείματι,
Ξύλον τι θραῦσαι.

& alors il a pu entendre, *& glacie fusâ, qualiter hieme*, (fit) *ligni aliquid frangere*. Moi, au contraire, j'ai rapporté ces mots, ϰ πῦ πάγε χυθέντος, au Vers précédent ; ἢ τ'ἔδει τί ϰ ποτὸν λαϐεῖν, « & s'il fallait chercher quelque boisson, *& quidem glacie fusâ*, que » je ne trouvais que dans la glace fondue, & de même dans l'hiver » ramasser du bois, » &c. J'ai joint ensemble la fin du second Vers & le commencement du troisième, comme il l'est dans le texte, & j'ai traduit οἷα, par *de même, pariter*, comme a fait le Scholiaste Latin qui a suivi le même sens. C'est aux Hellénistes à juger.

Des

Des secours passagers, ou de vieux vêtemens ;
Mais malgré ma prière & mes gémissemens,
Nul n'a sur ses vaisseaux accueilli ma misère,
Ni voulu sur les flots me conduire à mon père.
Depuis dix ans, mon fils, je languis dans ces lieux ;
Sans cesse dévoré d'un mal contagieux,
Victime d'une lâche & noire ingratitude,
Souffrant dans l'abandon & dans la solitude.
Les Atrides, Ulysse, ainsi m'ont attaché
A ce supplice lent que leur haine a cherché ;
Ils m'ont surpris ainsi dans les piéges qu'ils tendent ;
Ils m'ont fait tous ces maux: que les Dieux les leur rendent!

PYRRHUS.

Noble fils de Pœan, je ressens vos malheurs ;
J'en déteste avec vous les coupables auteurs ;
J'y reconnais la main d'Ulysse & des Atrides ;
Eh! qui sait mieux que moi combien ils sont perfides ?

PHILOCTETE.

Quoi ! vous-même, Pyrrhus, vous ont-ils outragé ?

PYRRHUS.

Que puissé-je du moins être bientôt vengé !
Puissé-je apprendre aux Rois d'Ithaque & de Mycènes,
A respecter le sang qui coule dans mes veines !

PHILOCTETE.

De grâce, instruisez-moi de leurs nouveaux forfaits.

D

PYRRHUS.

Comment vous raconter les affronts qu'ils m'ont faits?
Quand la Parque d'Achille eut borné la carrière.....

PHILOCTETE.

Qu'entends-je? Achille est mort!

PYRRHUS.

Oui, Seigneur; mais mon père
Sous les coups d'un mortel du moins n'est pas tombé;
Sous les traits d'Apollon Achille a succombé.

PHILOCTETE.

O mort digne, en effet, d'un Héros invincible!
O perte qui pour moi n'en est pas moins sensible!
Pardonnez si mes pleurs vous ont interrompu;
Aux mânes d'un ami cet hommage était dû.

PYRRHUS.

Ce tribut douloureux pour mon cœur a des charmes;
Mais pour d'autres que vous, vous reste-t-il des larmes?

PHILOCTETE.

O mon fils!... poursuivez.

PYRRHUS.

Je pleurais ce Héros,
Quand Ulysse & Phœnix, descendus à Scyros,
Alléguant un Oracle, & flattant ma jeunesse,
Vinrent, au nom des Dieux protecteurs de la Grèce,
M'assurer qu'à moi seul, à mon sang, à mon nom,
Appartenait l'honneur de détruire Ilion.

Que Pyrrhus héritait des grands destins d'Achille.
De me persuader sans doute il fut facile.
Le desir d'embrasser les restes précieux
D'un père que jamais n'avaient connu mes yeux,
D'aller offrir mes pleurs à des cendres aimées,
Qui sous la tombe encor n'étaient point enfermées;
L'ardeur de le venger, le dirai-je? l'orgueil
De renverser des murs qui furent son écueil,
Tout entraînait mes pas. Par le Ciel protégée,
Ma flotte, au second jour, touche au port de Sigée.
Au sortir du vaisseau, je me vois entouré
De tout un camp, de joie & d'espoir enivré.
Tous jurent à la fois qu'on voit revivre Achille :
Hélas ! il n'était plus !... d'une douleur stérile
A ses mânes sacrés, je porte les tributs;
Et l'œil humide encor de mes pleurs répandus,
Je me présente aux Chefs, & ma juste prière
Réclame devant eux l'héritage d'un père.
Quelle fut leur réponse ! *Oui, ces biens sont à vous;*
Disposez-en, Seigneur, & les recueillez tous.
Mais ses armes, d'un autre ont été le partage,
Ulysse les possède. Indigné de l'outrage,
Des larmes de dépit coulèrent de mes yeux :
Ces armes sont à moi, j'en atteste les Dieux
(dis-je alors.) *de quel droit une main étrangère*
M'a-t-elle osé ravir une armure si chère ?
Je l'obtins, dit Ulysse, *& ce don m'était dû;*
C'est le prix du service à la Grèce rendu,

D ij

Quand je fauvai l'armée & votre père même.
A ces mots, révolté de fon audace extrême,
J'exhale les tranfports d'un courroux éclatant,
Et menace les Grecs de partir à l'inftant,
Si je n'obtiens raifon de ce vol facrilége.
Jeune homme, me dit-il, *tu n'étais point au Siége,*
Tu n'as rien fait pour nous, & menaces encor!
Ne crois pas à Scyros remporter ce tréfor,
Tu ne l'auras jamais. Les Chefs, amis d'Ulyffe
Se déclarent pour lui, défendent l'injuftice ;
Et moi, qu'un tel affront a percé jufqu'au cœur,
Moi, qu'on dépouille ainfi fans égard, fans pudeur,
Je retourne à Scyros, loin de ces Rois perfides,
Et plus qu'Ulyffe encor, j'accufe les Atrides.
Ce font eux qui, méchans avec impunité,
Protecteurs de la fraude & de l'iniquité,
Infectent tous les cœurs de leurs lâches maximes,
Et l'abus du pouvoir enfante tous les crimes.
O Ciel ! que l'ennemi de ces Rois odieux,
Soit l'ami de Pyrrhus & foit l'ami des Dieux !

PHILOCTETE.

Je vois qu'on vous a fait une cruelle injure.
Ce n'eft pas fans raifon que loin d'un camp parjure,
Vous avez vers Scyros preffé l'heureux retour
Qui vous a, grâce aux Dieux, conduit dans ce féjour.
De Syfiphe en effet le rejeton profane,
Du menfonge toujours fut l'auteur & l'organe ;

De l'adroite imposture il aiguise les traits,
Sa main est occupée à tramer des forfaits.
Mais, de quel œil Ajax a-t-il vu cette offense ?

PYRRHUS.

On ne l'eût pas osé commettre en sa présence.
Mais le trépas d'Ajax a mis la Grèce en deuil.

PHILOCTETE.

Dieux ! Ulysse respire ! Ajax est au cercueil !
Et ce sage mortel à qui l'expérience
Donnait de l'avenir la triste prévoyance,
Nestor, mon vieil ami, l'ame de nos conseils,
Qui confondit cent fois Ulysse & ses pareils,
Que fait-il ?

PYRRHUS.

L'infortune accable sa vieillesse ;
Il se traîne au tombeau, consumé de tristesse :
Il gémit d'être père : il survit à son fils.

PHILOCTETE.

Antiloque ?...

PYRRHUS.

Est tombé sous des traits ennemis.

PHILOCTETE.

A de nouveaux regrets chaque moment me livre.
Quoi ! tous ceux que j'aimais ont donc cessé de vivre,
Ou subi les rigueurs d'un destin ennemi !...
Et d'Achille du moins ce vertueux ami,
Patrocle, dont les Grecs admiraient le courage ?

D iij

PYRRHUS.

Du redoutable Hector son trépas fut l'oûvrage.
Telle est la guerre enfin : Mars dans ses jeux sanglans,
Moissonne les vertus & fait grace aux méchans.

PHILOCTETE.

Grace au Ciel, mon attente est trop bien confirmée,
La mort a respecté le rebut de l'armée ;
Les Héros ne sont plus ! aux lâches, aux pervers,
Les Dieux semblent fermer le chemin des Enfers,
Aux plus grands des humains ils en ouvrent la route.
Ulysse est donc vivant !... & Thersite, sans doute.
Voilà, voilà les Dieux, & nous les adorons !

PYRRHUS.

Pour moi, je vous l'ai dit, lassé de tant d'affronts,
Je m'éloigne à jamais d'une odieuse armée
Où la vertu rougit par la brigue opprimée.
Scyros est pour mon cœur un séjour assez doux,
Et toujours la patrie a des charmes pour nous.
Puisse des Dieux fléchis la bonté tutélaire
Guérir les maux affreux que vous fit leur colère !
Tels sont, fils de Pœan, tels sont les justes vœux
Que Pyrrhus en partant peut joindre à ses adieux.

PHILOCTETE.

Vous partez !

PYRRHUS.

Il le faut, & mes vaisseaux n'attendent
Que l'instant d'obéir aux vents qui nous commandent.

PHILOCTETE.

Ah! par les Immortels de qui tu tiens le jour,
Par tout ce qui jamais fut cher à ton amour,
Par les mânes d'Achille & l'ombre de ta mère,
Mon fils, je t'en conjure, écoute ma prière,
Ne me laisse pas seul en proie au désespoir,
En proie à tous les maux que tes yeux peuvent voir.
Cher Pyrrhus, tire-moi des lieux où ma misère
M'a long-temps séparé de la nature entière.
C'est te charger, hélas! d'un bien triste fardeau,
Je ne l'ignore pas; l'effort sera plus beau
De m'avoir supporté: toi seul en étais digne;
Et de m'abandonner la honte est trop insigne;
Tu n'en es pas capable; il n'est que les grands cœurs
Qui sentent la pitié que l'on doit aux malheurs,
Qui sentent d'un bienfait le plaisir & la gloire.
Il sera glorieux, si tu daignes m'en croire,
D'avoir pu me sauver de ce fatal séjour :
Jusqu'aux vallons d'Œta le trajet est d'un jour.
Jette-moi dans un coin du vaisseau qui te porte,
A la pouppe, à la proue, où tu voudras, n'importe.
Je t'en conjure encore, & j'atteste les Dieux :
Le mortel suppliant est sacré devant eux.
Je tombe à tes genoux, ô mon fils! je les presse
D'un effort douloureux qui coûte à ma faiblesse.
Que j'obtienne de toi la fin de mes tourmens ;
Accorde cette grace à mes gémissemens.

Mène-moi dans l'Eubœe, ou bien dans ta patrie ;
Le chemin n'eſt pas long à la rive chérie
Où j'ai reçu le jour, aux bords du Sperchius,
Bords charmans, & pour moi depuis long-temps perdus !
Mène-moi vers Pœan : rends un fils à ſon père.
Et que je crains, ô Ciel ! que la Parque ſévère
De ſes ans, loin de moi, n'ait terminé le cours !
J'ai fait plus d'une fois demander ſes ſecours.
Mais il eſt mort ſans doute, ou ceux de qui le zèle
Lui devait de mon ſort porter l'avis fidèle,
A peine en leur pays, ont bien vîte oublié
Les ſermens qu'avait faits leur trompeuſe pitié.
Ce n'eſt plus qu'en toi ſeul que mon eſpoir réſide ;
Sois mon libérateur, ô Pyrrhus, ſois mon guide !
Conſidère le ſort des fragiles humains ;
Et qui peut un moment compter ſur les deſtins ?
Tel repouſſe aujourd'hui la miſère importune,
Qui tombera demain dans la même infortune.
Il eſt beau de prévoir ces retours dangereux,
Et d'être bienfaiſant, alors qu'on eſt heureux.

PYRRHUS.

A la voix du malheur pourrais-je être inſenſible ?
Non, vous m'avez rendu le refus impoſſible.
Je cède à vos déſirs ; venez ſur mes vaiſſeaux,
Que le Ciel, qui par moi veut terminer vos maux,
Accorde un vent propice à votre impatience,
Et nous conduiſe au port où tend votre eſpérance !

PHILOCTETE.

Jour heureux! cher Pyrrhus, vous, compagnons chéris;
O Grecs! dans les transports de mes sens attendris,
Que ma reconnaissance au moins se fasse entendre!
Pour un si grand bienfait d'ailleurs que puis-je rendre?
Souffrez que Philoctete, abandonnant ce lieu,
A cet asyle encor dise un dernier adieu.
Ma grotte, après dix ans, me doit être sacrée.
Venez voir ma demeure obscure & resserrée,
Et connaissez quels maux vous daignez secourir;
Vous ne pourrez les voir, & j'ai pu les souffrir.
Et la nécessité, des loix la plus sévère,
M'a rendu bien souvent cette caverne chère.

PYRRHUS.

Je ne m'oppose point à de si justes soins;
Prenez tout ce qui peut servir à vos besoins.

PHILOCTETE.

Eh! que puis-je emporter? qu'est-ce que je possede?
Des plantes de ces bords, seul & faible remède,
Dont l'effet passager assoupit mes douleurs.
Mes seuls biens sont mon arc & mes traits destructeurs.

PYRRHUS.

Ah! sans doute ce sont les fléches redoutées
Que de son sang impur l'Hydre avait infectées.

PHILOCTETE.

Oui, je n'ai point d'autre arme, & que puissent les Cieux
Ne m'enlever jamais ce trésor précieux!

PYRRHUS.

Puis-je toucher au moins ces armes révérées,
Que jadis d'un Héros les mains ont consacrées ?
Puis-je les regarder d'un œil religieux ?

PHILOCTETE.

Ah ! sur moi, mon cher fils, tu peux ce que tu veux.

PYRRHUS.

Rejetez, s'il le faut, ma prière timide,
Et ne profanez point l'héritage d'Alcide.

PHILOCTETE.

Ta piété me charme : hélas ! n'est-ce pas toi
Qui me rends à la vie, à ma famille, à moi ;
Qui daignes sur ces bords, où chaque instant me tue,
Relever ma misère à tes pieds abattue ?
Tu trompes les fureurs de mes vils ennemis ;
J'étais mort en ces lieux, tu parais, je revis.
Prends sur moi désormais une entière puissance :
Le plaisir des bons cœurs, c'est la reconnaissance.
Cet arc qui fut jadis un don de l'amitié,
Pour prix de tes bienfaits, te sera confié.
Tu dois à tes vertus ce noble privilége ;
Nul n'y porta jamais une main sacrilége ;
Nul, sans craindre la mort, n'osa s'en approcher :
Viens, toi seul des mortels auras pu le toucher.
Allons.... Ciel !.... ô douleurs !

PYRRHUS.

Quelle soudaine atteinte,
Seigneur, de votre sein arrache cette plainte ?

TRAGÉDIE.

PHILOCTETE.
Rien.... je te fuis....ah!. Dieux !

PYRRHUS.
Que leur demandez vous ?

PHILOCTETE.
De nous ouvrir la route & de veiller fur nous.
Dieux !

PYRRHUS.
Vous déguifez mal le trouble qui vous preffe.

PHILOCTETE.
Non : je reviens à moi ; pardonne à ma faibleffe,
Marchons...... ah ! je ne puis.

PYRRHUS.
Comment ?

PHILOCTETE.
Il n'eft plus temps
De te cacher encor de fi cruels tourmens.
Non, c'eft trop, c'eft en vain diffimuler mes peines.
Le poifon fe répand dans mes brûlantes veines.
Mon fils, avec le fer termine mes douleurs,
Tranche, tranche mes jours... frappe, dis-je... je meurs,
Je meurs à chaque inftant.

PYRRHUS.
Mon ame intimidée
De cet horrible état......

PHILOCTETE.
Tu n'en as pas l'idée.

Mais prends pitié de moi, je t'en conjure, hélas !
Que l'aspect de mes maux ne te rebute pas.
Ne m'abandonne point.... ma blessure fatale
Produit ces noirs accès, calmés par intervalle.
Je dois te l'avouer.

PYRRHUS.

Ne craignez rien. Qui ! moi,
Moi vous abandonner, quand vous avez ma foi !
Venez, & rappelant votre force première....

PHILOCTETE.

J'implore, mon cher fils, une grace dernière.
Le mal qui m'a surpris, finit par le sommeil,
Et le soulagement est l'effet du réveil.
Maintenant abattu, trop faible pour te suivre,
A tes soins généreux Philoctete se livre.
Viens dans ma grotte, viens ; je mets en ton pouvoir
Ces fléches que tes yeux ont souhaité de voir ;
Mais prends garde sur tout que la force ou l'adresse
N'enlève ce dépôt qu'entre tes mains je laisse.
Je perds tout, si jamais....

PYRRHUS.

Non, soyez rassuré,
Je réponds sur mes jours de ce trésor sacré.

PHILOCTETE.

C'est mon unique bien, c'est le seul qui me reste :
Veuille le juste Ciel qu'il te soit moins funeste
Qu'il ne le fut, hélas ! pour Alcide & pour moi.

TRAGÉDIE.

PYRRHUS.

Le Ciel nous conduira ; nous marchons sous sa loi :
Puisse-t-il nous frayer une route prospère !

PHILOCTETE.

Il n'exaucera point tes vœux & ta prière.
L'indomptable venin, passant jusqu'à mon cœur,
Dans mon sang embrasé bouillonne avec fureur ;
Il redouble de rage, il s'acharne à sa proie.....
Ah ! ne me quittez pas ! amis, que je vous voie !....
Ne vous éloignez point.... Il faut, il faut qu'enfin....
Ulysse, que ce feu ne brûle-t-il ton sein !
C'est à vous, fils d'Atrée, à vous, ô Rois perfides,
A vous seuls qu'étaient dûs ces tourmens homicides.
O mort, dont tant de fois j'implorai le secours,
Mort, que toujours j'appelle & qui me fuis toujours,
Quand me recevras-tu dans mon dernier asyle ?
(à Pyrrhus.)
Prends le feu de Vulcain qui brûle dans cette isle ;
Mets-moi sur le bûcher, comme jadis mes mains
Osèrent y placer le plus grand des humains.
Le prix que j'en reçus sera ta récompense.....
Mais il ne m'entend pas, je n'ai plus d'espérance.
Pirrhus, où donc es-tu, cher Pirrhus ?

PYRRHUS.

Je gémis,
Je pleure sur vos maux.

PHILOCTETE.

Tu pleures, mon cher fils !

Garde cette pitié ; jure, quoi qu'il arrive,
De ne point me laisser mourant sur cette rive.
Ta bouche l'a promis ; ton cœur ne peut changer.
Mon mal est effrayant, mais il est passager.
Je n'espère qu'en toi.

PYRRHUS.
    Soyez sans défiance.
PHILOCTETE.
Qu'un serment solennel m'en donne l'assurance.
PYRRHUS.
J'en atteste les Dieux : recevez-en ma foi.
PHILOCTETE.
Ah ! ne me touche pas, n'approche point de moi.
PYRRHUS.
Eh ! quoi ! de mes secours voulez-vous vous défendre ?
PHILOCTETE.
Peut-être jusqu'à toi le poison peut s'étendre.
Laisse-moi.... C'en est fait.... O terre de Lemnos !
Reçois donc un mourant qui succombe à ses maux.

   (*Il tombe évanoui sur un banc de pierre.*)

PYRRHUS, *aux Soldats Grecs.*
Aidez-moi, chers amis ; portons-le en son asyle.
Attendons le moment où d'un sommeil tranquille
La douceur salutaire aura calmé ses sens,
Et suspendu le cours de ses affreux tourmens.

 (*Ils soutiennent Philoctete, & l'amènent
  hors du Théâtre.*)

   Fin du premier Acte.

ACTE II.

SCÈNE PREMIÈRE.

PYRRHUS, *seul.* (*Il tient à sa main l'arc &
les flèches d'Hercule.*)

» Les voilà donc ces traits, par qui la destinée
» Doit marquer d'Ilion la dernière journée,
» Ces traits à qui le Ciel attacha notre sort,
» Et qui d'Achille enfin doivent venger la mort.
» Philoctete en mes mains ainsi les abandonne !
» On veut les lui ravir, & c'est lui qui les donne !
» Mais ce n'est rien encor, si lui-même avec nous
» Ne marche à ces remparts dévoués à nos coups.
» Il est loin d'y penser, & tout prêt à me suivre,
» A mes soins, à ma foi l'infortuné se livre.
» Et je le trahirais ! Non : ce retour affreux
» Est indigne d'un cœur qu'il a cru généreux.
» Il faut lui dire tout : c'est trop en croire Ulysse,
» Trop contre Philoctete employer l'artifice,
» Abuser contre lui de son horrible état :
» Tromper un malheureux est un double attentat.
Mais il vient.

SCÈNE II.

PYRRHUS, PHILOCTETE, *deux Soldats.*

PHILOCTETE.

Ô réveil ! ô jour qui me ranime !
Pyrrhus, est-il bien vrai ! ta bonté magnanime,
Par l'excès de mes maux n'a pu se rebuter !
Pyrrhus près d'un mourant a daigné s'arrêter !
Et sans que mon malheur le fatigue ou l'effraye,
Il supporte l'aspect & l'horreur de ma plaie !
Achille t'a transmis sa générosité.
Les Atrides ainsi ne m'avaient pas traité.
Mais allons. Je suis prêt à marcher au rivage.
Le sommeil du poison a suspendu la rage.
Viens.

PYRRHUS.

Que ferai-je, hélas !

PHILOCTETE.

Tu balances !... ô Ciel !

PYRRHUS, *à part.*

Oserai-je lui faire un aveu si cruel ?

PHILOCTETE.

La pitié que d'abord tu m'avais annoncée,
Du poids de mes malheurs serait-elle lassée.

PYRRHUS.

TRAGÉDIE.
PYRRHUS.
O combien la vertu souffre à se démentir !
PHILOCTETE.
De quelle faute ici peux-tu te repentir ?
Les secours que de toi j'attends dans ma misère,
Ne feront point rougir les mânes de ton père.
PYRRHUS.
C'est moi qui dois rougir, moi qui suis désormais
Coupable, si je parle, & vil, si je me tais.
PHILOCTETE.
Tu veux m'abandonner, ton cœur se le propose ;
Tu veux partir sans moi.
PYRRHUS.
   Non, mais si je m'expose
A mériter de vous des reproches plus vrais ?
Même en vous emmenant, si je vous trahissais ?
PHILOCTETE.
Toi !... que veux-tu me dire ? explique ce mystère.
PYRRHUS.
Eh bien, sachez donc tout ; je ne puis plus rien taire.
PHILOCTETE.
Comment ?
PYRRHUS.
   Pour Ilion vous partez avec moi.

E

PHILOCTETE.

Qu'as-tu dit ? juste Ciel !

PYRRHUS.

Daignez entendre....

PHILOCTETE.

Eh ! quoi ?
Que veux-tu que j'écoute, & que prétends-tu faire ?

PYRRHUS.

A tant de maux enfin pour jamais vous souſtraire,
Vous guérir, & bientôt partager avec vous
Un honneur que les Dieux n'ont réſervé qu'à nous.
Sous vos coups, ſous les miens, ils feront tomber Troye.

PHILOCTETE.

Ce ſont là tes deſſeins ?

PYRRHUS.

Oui, le Ciel qui m'envoye,
Du ſoin de les remplir nous a chargés tous deux.

PHILOCTETE.

Je ſuis trahi, perdu ; qu'as-tu fait, malheureux ?
Pyrrhus, eſt-il bien vrai ?.. rends-moi, rends-moi mes armes.

PYRRHUS.

Je ne le puis, Seigneur, & la Grèce en alarmes,
Ne ſaurait aujourd'hui voir changer ſes deſtins,
Que par ces traits puiſſans remis entre mes mains.

TRAGÉDIE

» Je lui dois obéir, & je veux bien pour elle
» Oublier, je l'avoue, une injure cruelle.
» Mon cœur, qui s'en plaignait, ne vous a point déçu;
» Mais j'immole à l'État l'affront que j'ai reçu.
» Imitez mon exemple.

PHILOCTETE.

O trahison! ô rage! *
Quoi! tu me préparais cet exécrable outrage!
Lâche, tu m'as séduit par d'indignes détours,
Pour m'enlever ainsi le soutien de mes jours!
Et lorsque tu trahis la foi qui m'était due,
Tu peux me regarder & soutenir ma vue!
Tromper un suppliant qui gémit à tes pieds!
Rends, mon fils, rends ces traits que je t'ai confiés.
Tu ne peux les garder; c'est mon bien, c'est ma vie;
Et ma crédulité doit-elle être punie?
Rougis d'en abuser… au nom de tous les Dieux…
Tu ne me réponds rien! tu détournes les yeux!

---

* Brumoy traduit: *ô rage digne de ton nom!* c'est un contre-sens étrange. Comment Philoctete, qui ne parle jamais d'Achille qu'avec vénération, tomberait-il dans une contradiction si choquante; lui qui un moment après dit à Pyrrhus, ἀρίστου πατρὸς ἔχθιστος γεγώς, fils odieux du meilleur des peres; & ailleurs, quand ce même Pyrrhus lui rend ses armes, τὴν φύσιν δ᾽ ἔδειξας, ὦ τέκνον, ἐξ ἧς ἐπλάσης, tu fais bien voir de quel sang tu es né? Il n'y a pas dans Sophocle un mot qui puisse servir de prétexte ou d'excuse à cette faute grave du Traducteur.

E ij

Je ne puis te fléchir !.... ô rochers ! ô rivages !
Vous, mes seuls compagnons, ô vous, monstres sauvages,
(Car je n'ai plus que vous à qui ma voix, hélas !
Puisse adresser des cris que l'on n'écoute pas,)
Témoins accoutumés de ma plainte inutile,
Voyez ce que m'a fait le fils du grand Achille.
Il promet de m'ôter de ces tristes climats ;
Il jure qu'à mon père il conduira mes pas ;
Et quand il me flattait de cette fausse joie,
Le perfide ! c'était pour me conduire à Troye.
Il consolait un cœur qu'il cherchait à frapper ;
Sa main touche la mienne, & c'est pour me tromper !
Il ose me ravir mes flèches homicides,
Pour en faire un trophée aux insolens Atrides !
Il triomphe de moi, comme s'il m'eût dompté !
Il ne s'apperçoit pas, dans ma calamité,
Qu'il triomphe d'une ombre aux Enfers descendue !
Oh ! devant que ma force en ces lieux fut perdue,
S'il m'avait attaqué !... même tel que je suis,
Ce n'est que par surprise... Ah ! Pyrrhus ! ah ! mon fils !
Souviens-toi de ton nom, reprends ton caractère,
Sois semblable à toi-même, & semblable à ton père.
Tu gardes le silence, & je te parle envain....
Antre qui m'as reçu, je reviens dans ton sein ;
J'y rentre dépouillé, privé de nourriture,
Et je n'attends de toi rien que la sépulture.
Tu me verras mourir : les hôtes des forêts
Ne ressentiront plus l'atteinte de mes traits.

Ma retraite contre eux n'a plus rien qui m'assure ;
J'en avais fait ma proie & ferai leur pâture ;
Et je suis donc tombé dans ce revers affreux,
Pour avoir cru Pyrrhus sincère & généreux !...
Écoute : jusqu'ici mon courroux qui balance,
N'a point aux Immortels demandé la vengeance.
Tu peux changer encore & céder à mes vœux ;
Tremble d'y résister, crains ma voix & les Dieux.

PYRRHUS.

Je ne crains que mon cœur : Philoctete, la Grèce,
Les sermens que j'ai faits, la pitié qui me presse...
Ah ! plût au Ciel jamais n'avoir quitté Scyros !

PHILOCTETE.

Abjure des desseins indignes d'un Héros.
Aux yeux de l'univers, aurais-tu la bassesse
De tromper le malheur, d'accabler la faiblesse ?
Tu n'es pas né méchant : quelque autre te conduit ;
Par de lâches conseils, je vois qu'on t'a séduit.
Le crime t'entraînait : que la vertu te guide.

PYRRHUS.

Quel parti prendre, ô Ciel !

SCÈNE III.

PHILOCTETE, PYRRHUS, ULYSSE, suite de Soldats.

ULYSSE, *arrivant avec précipitation.*

Qu'attendez-vous, perfide ?
Remettez-moi ces traits.

PHILOCTETE.

C'est Ulysse ! grands Dieux !

ULYSSE.

Lui-même.

PHILOCTETE.

Ciel ! où suis-je ? Ulysse dans ces lieux !
Ah ! lui seul a tout fait : ce cruel artifice,
Tout cet affreux complot est l'ouvrage d'Ulysse.
Mes armes, c'en est trop, mes armes....

ULYSSE.

Non, Pyrrhus
Sait respecter des Grecs les ordres absolus.
Ces armes sont à nous : il ne peut vous les rendre.
Vous, marchez sur nos pas : c'est trop vous en défendre'
Ne vous obstinez plus à résister aux Dieux,
Ou je vous fais sur l'heure enlever de ces lieux.

PHILOCTETE.

Tu me menaces, traître !... O Lemnos, mon asyle,

TRAGEDIE.

Feux sacrés de Vulcain, allumés dans cette isle !
Vous, mes seuls protecteurs, ô Dieux de ces climats,
Vous voyez cet outrage, & ne le vengez pas !

ULYSSE.

Jupiter est leur maître, & c'est lui qui m'amène.

PHILOCTETE.

Ainsi, tu fais les Dieux complices de ta haine,
Artisans du parjure & de l'iniquité !

ULYSSE.

Je vous parle en leur nom ; suivez leur volonté.

PHILOCTETE.

Penses-tu donc traiter Philoctete en esclave ?

ULYSSE.

Je le traite en guerrier & généreux & brave,
En digne compagnon de tant de rois fameux,
Qui doit renverser Troye & triompher comme eux.
Ne fuyez point la gloire à vos regards offerte :
Venez, le Ciel l'ordonne, & la route est ouverte.

PHILOCTETE.

Tant que cet antre obscur pourra me recevoir,
De m'arracher d'ici rien n'aura le pouvoir.
Oui, j'aime mieux mourir, du haut de cette roche,
J'aime mieux à l'instant.....

ULYSSE, *aux Soldats.*

Gardez qu'il n'en approche ;
Préservez-le, Soldats, de sa propre fureur.

(*Les Soldats environnent Philoctete.*)

PHILOCTETE.

O comble de l'opprobre, ainsi que de l'horreur!
O bras, jadis à craindre, aujourd'hui sans défense!
Du plus vil des mortels je reçois cette offense!
Lâche, qui ne connais ni remords, ni pudeur,
De ce jeune Héros tu séduis la candeur.
Son ame noble & pure & semblable à la mienne,
N'était pas faite, hélas! pour imiter la tienne.
Il déteste en secret les complots qu'il servit;
Sa faiblesse docile à regret t'obéit.
Son cœur sensible & bon, dont j'entends le murmure,
Se reproche à présent sa fraude & mon injure.
A ton fatal génie il ne put échapper,
Et toi seul, en un mot, sus l'instruire à tromper.
Et maintenant encor, pour combler tes outrages,
Tu prétends m'enlever de ces mêmes rivages
Où tu m'abandonnas, où je vis délaissé,
Du nombre des vivans dès long-tems effacé!
Ah! que puissent les Dieux!... que dis-je? misérable!
Les Dieux s'occupent-ils de mon sort déplorable?

---

9. Brumoy traduit: *c'est sans le savoir qu'il a été le ministre de ton lâche artifice*. Cela n'est ni exact pour la version, ni vraisemblable pour le sens. Pyrrhus ne pouvait pas ignorer les desseins d'Ulysse. Philoctete lui-même ne peut pas le croire, & il lui reproche plus d'une fois tout le contraire. Il y a dans le Grec ἀφυῆ τ'ὄντα κ'ἒ θέλοντα, ce jeune homme simple & qui répugnait à t'obéir; ce qui est très-différent de la traduction de Brumoy.

Et pourquoi répéter trop vainement, hélas !
Des imprécations que le Ciel n'entend pas ?
Ses rigueurs sont pour moi, ses faveurs pour Ulysse.
Tu triomphes, cruel, & ris de mon supplice ;
Ma douléur fait ta joie, & ta prospérité
Est un affront de plus à ma calamité.
Va, va t'en réjouir avec tes chers Atrides ;
Vante-leur le succès de tes ruses perfides.
Malgré toi cependant tu suivis leurs drapeaux,
Tandis qu'à leur secours j'ai conduit mes vaisseaux.
Ils prodiguent pour toi leurs biens & leur puissance ;
Ils m'ont abandonné, voilà ma récompense ;
Du moins tu les chargeais de ce crime honteux,
Et toi-même à ton tour en es chargé par eux.
Mais, dis-moi, que veux-tu ? Pourquoi dans sa retraite,
Pourquoi dans son tombeau troubles-tu Philoctete ?
Je suis mort pour les Grecs ; & comment à tes yeux
Ne suis-je plus un poids incommode, odieux,
Offensant les autels de ma présence impure,
L'horreur de tout un camp souillé par ma blessure ?
C'étaient-là tes discours.... barbare, si les Dieux
Sont justes une fois, en exauçant mes vœux....
Et je vois qu'ils le font : je vois qu'ils vous punissent ;
Leurs redoutables mains sur vous s'appesantissent.
De quelque trait fatal si vous n'étiez frappés,
A me chercher ici feriez-vous occupés ?
Eh bien ! égale enfin le supplice à l'offense,
Ciel, qui m'as si long-tems refusé la vengeance !

De mes longues douleurs entends le dernier cri;
Extermine les Grecs, & je me crois guéri.

ULYSSE.

Aux transports violens d'une aveugle furie,
Je n'oppose qu'un mot : j'ai servi la Patrie.
C'est-là mon seul honneur, c'est-là mon seul devoir.
Sur les cœurs quelquefois ma voix eut du pouvoir;
Mais je ne prétends pas en avoir sur le vôtre.
Vous voulez demeurer, & je vous céde : un autre
Saura des Immortels mériter les bienfaits;
Cet arc est dans nos mains garant de nos succès.
Le valeureux Teucer en saura faire usage;
Moi-même de cet art j'ai fait l'apprentissage,
Et pour lancer ces traits, arbitres des combats,
Le bras d'Ulysse au moins peut valoir votre bras.
Nourrissez à loisir la haine & la colère,
Habitez cette rive à votre cœur si chère.
Peut-être que les Dieux, en conduisant mes coups,
M'accorderont un prix qu'ils destinaient pour vous.

PHILOCTETE.

Toi! posséder mes traits & mon arc homicide!
Armes que si long-tems porta le grand Alcide,
Non, vous ne serez point au dernier des humains;
Vous vous indigneriez de passer dans ses mains.
Quoi! tu te montrerais à la Grèce étonnée,
Paré de ma dépouille à ce point profanée!

ULYSSE.

Je n'écoute plus rien ; je pars.

TRAGÉDIE.

PHILOCTETE.

Et toi, Pyrrhus !
Vous, amis, à ma voix vous ne répondez plus ?

ULYSSE.

Pyrrhus, de votre cœur surmontez la faiblesse.
Si vous ne me suivez, vous trahissez la Grèce.
Venez sans lui parler, sans détourner les yeux.

PYRRHUS.

Souffrez que nos Soldats demeurent en ces lieux.
On peut à son malheur, on peut à ma prière
Accorder sans danger cette grâce dernière ;
Et tandis qu'on s'apprête à quitter ce séjour,
Que l'on demande aux Dieux un fortuné retour,
Philoctete abjurant une haine funeste,
Pourra mettre à profit le moment qui lui reste.
Il peut enfin se rendre, il peut se repentir....
(*Aux Grecs.*)
Vous, au premier signal, soyez prêts à partir.

SCÈNE IV.

PHILOCTETE, *Soldats*.

Eh bien ! à tant d'horreurs il faut que je succombe.
Lemnos fut ma demeure ; elle sera ma tombe.
Tout espoir est perdu, tout secours m'est ôté.
Oiseaux, ne fuyez plus cet antre redouté.

Hôtes de ces rochers, approchez-moi sans crainte;
Mes mains n'ont plus ces traits dont vous craigniez l'atteinte.
Vengez-vous, & tranchez mes jours infortunés:
Bientôt la faim, sans vous, les aura terminés.
Moi, j'irais secourir des ingrats, des perfides !
Non, périssent les Grecs, périssent les Atrides !
C'en est donc fait, hélas ! je mourrai loin de vous,
O Patrie ! ô mon père !... il m'eût été bien doux,
Avant que d'expirer, de vous revoir encore !
Je vous abandonnai pour ces Grecs que j'abhorre.
Pour eux seuls j'ai tout fait, pour eux seuls tout quitté:
Ma mort en est le prix... je l'ai bien mérité.

(*Il rentre dans la caverne.*)

Fin du second Acte.

ACTE III.

SCÈNE PREMIÈRE.

ULYSSE, PYRRHUS.

ULYSSE.

Où courez-vous, Seigneur ? quel transport vous agite ?
N'expliquerez-vous point cette soudaine fuite ?
De tous nos compagnons pourquoi vous séparer ?

PYRRHUS.

Pour expier ma faute, & pour la réparer.

ULYSSE.

Et quelle faute encore ?

PYRRHUS.

   Ah ! d'avoir pu vous croire,
Lorsque fidèle aux Grecs, & trahissant ma gloire,
Je me suis abaissé jusqu'à tromper la foi
De cet infortuné qui se livrait à moi.

ULYSSE.

Et que prétendez-vous ?

PYRRHUS.

   Lui rendre enfin justice.

ULYSSE.

Vous! comment?

PYRRHUS.

Je n'obtins que par un artifice
Ces traits que d'un Héros lui laissa l'amitié;
Et je lui remettrai ce qu'il m'a confié.

ULYSSE.

Juste Ciel! ce dessein qui me remplit d'alarmes!
Vous pourrez l'accomplir! vous lui rendrez ses armes!
Ah! de grace, songez......

PYRRHUS.

Tout est examiné.

ULYSSE.

Vous l'avez résolu?

PYRRHUS.

J'y suis déterminé.

ULYSSE.

Et Pyrrhus pense-t-il qu'ici rien ne s'oppose
Au funeste projet que son cœur se propose?

PYRRHUS.

Et qui l'empêchera?

ULYSSE.

Qui? tous les Grecs & moi.

PYRRHUS.

Je brave leur courroux, & l'attends sans effroi;

Quand je fais mon devoir, je ne saurais rien craindre.

ULYSSE.

Le devoir! croyez-vous, Seigneur, ne point l'enfreindre ?
Est-ce donc à vous seul que doit appartenir
Un bien que mes conseils vous ont fait obtenir ?

PYRRHUS.

Il est vrai, vos conseils (il faut que j'en rougisse)
M'avaient fait malgré moi commettre une injustice.
Ici la politique emprunta votre voix ;
Mais l'équité l'emporte, & j'accomplis ses loix.

ULYSSE.

Ainsi donc laissant Troye à nos coups échappée,
C'est contre vous, Pyrrhus, qu'il faut tirer l'épée.

PYRRHUS.

Armez-vous contre moi, la mienne est prête : allez.

ULYSSE.

Les Grecs vont vous punir, puisque vous le voulez.
Vous n'aurez pas long-temps défié leur puissance ;
Et la peine du moins suivra de près l'offense.

(Il sort.)

SCÈNE II.

PYRRHUS, *seul.*

Qu'ils viennent : j'aime mieux éprouver leur fureur,
Que d'avoir plus long-temps à combattre mon cœur.
Je ne rougirai plus aux yeux de Philoctete.
Je l'ai fait avertir.

SCÈNE III.

PYRRHUS, PHILOCTETE, *Soldats Grecs.*

PHILOCTETE.

Pourquoi de ma retraite
Venez-vous me tirer ? que voulez-vous enfin ?
Venez-vous augmenter l'horreur de mon destin ?
Ah ! sans doute, cruels, c'est là votre espérance.
(*Il s'assied sur un banc de pierre.*)

PYRRHUS.

Rassurez-vous, Seigneur, soyez sans défiance,
Daignez m'entendre au moins.

PHILOCTETE.

Il m'en a trop coûté ;
Je suis trop bien puni de t'avoir écouté.
Auteur de tous les maux dont mon cœur est la proie...

PYRRHUS.

PYRRHUS.
Eh bien, au repentir n'est-il aucune voie ?
PHILOCTETE.
C'est avec ces discours que tu m'avais séduit,
Que dans un piége affreux toi-même m'as conduit.
Oui, tu trompas ainsi ta crédule victime.
PYRRHUS.
Vous connaîtrez bientôt quel intérêt m'anime.
Dites-moi seulement (c'est tout ce que je veux)
Si vous vous obstinez à rester en ces lieux,
Si vous êtes toujours à vous-même contraire,
Si rien de ce dessein ne saurait vous distraire ?
De grace, répondez.
PHILOCTETE.
Oui, j'y suis résolu,
Résolu pour jamais.
PYRRHUS.
Hélas ! j'aurais voulu
De ce cœur trop aigri fléchir la violence ;
Mais si vous l'ordonnez, je garde le silence.
PHILOCTETE.
Tu parlerais en vain : traître, c'est bien à toi
Qu'il convient de prétendre aucun pouvoir sur moi.
Va, trop indigne fils du plus illustre père,
Lorsqu'aujourd'hui ta fourbe a comblé ma misère,
Tu m'offres des conseils ! ôte-toi de mes yeux ;
Va retrouver Ulysse & tes Grecs odieux.

F

Tu n'échapperas pas, ni toi, ni les Atrides,
Au céleste courroux qui poursuit les perfides.
Je vous ai dévoués aux vengeances des Dieux ;
Qu'elles tombent sur vous : ce sont là mes adieux.

PYRRHUS.

Plus d'imprécations, plus de cris, ni de larmes.
Connaissez-mieux Pyrrhus, & reprenez vos armes.

PHILOCTETE.

Est-ce un piége nouveau qui me serait tendu ?

PYRRHUS.

Recevez de mes mains ce bien qui vous est dû.
Ne craignez rien de moi, quand je viens vous le rendre ;
Me punisse le Ciel, si je veux vous surprendre.

PHILOCTETE,
(*Se levant avec joie & reprenant ses fléches.*)

Je reconnais ton sang à ce noble retour ;
Ce n'est pas un Sysiphe à qui tu dois le jour.
Tu viens de me montrer que la vertu t'est chère,
Que la gloire t'anime, & qu'Achille est ton père.

PYRRHUS.

Ah ! pour son fils, Seigneur, il doit être bien doux
De voir que ce grand nom est si sacré pour vous.
Vous avez oublié ma faute & ma faiblesse.
Eh bien, s'il est ainsi, souffrez que ma jeunesse,
Instruite par les Dieux, dicte leur volonté,
Et s'arme contre vous de leur autorité.
Seigneur, il est des maux dont une loi sévère
Nous impose en naissant le fardeau nécessaire,

Des maux dont nul mortel ne peut être exempté,
Que nous fait la nature & la fatalité.
Mais lorsque nos malheurs sont notre propre ouvrage,
Lorsque nous repoussons la main qui nous soulage,
Rébelles aux conseils & sourds à l'amitié,
Nous devenons dès-lors indignes de pitié.
Votre ame est inflexible, elle aigrit sa blessure ;
Les avis les plus chers sont pour vous une injure.
Tous les soins sont perdus : le plus fidèle ami,
S'il veut vous appaiser, vous semble un ennemi.
Je parlerai pourtant, & je dois vous apprendre
L'Oracle que sur vous les Dieux viennent de rendre.
Le Troyen Hélénus, ce Prophète sacré,
Sur nos destins communs est par eux éclairé.
Captif entre nos mains, il nous offre sa vie,
Si sa prédiction se trouve démentie.
Le Ciel vous a puni : c'est lui dont la rigueur
Suscita contre vous le reptile vengeur,
Du Temple de Chrysa le gardien redoutable,
Alors que profanant l'asyle inviolable
A ses soins confié par les Dieux immortels,
Vous alliez y porter des regards criminels.
Vous ne verrez cesser le fléau qui vous frappe,
Qu'en cherchant parmi nous les enfans d'Esculape ;
Qu'en prenant Ilion : la céleste faveur
De sa chûte entre nous a partagé l'honneur.
De tous ces grands destins digne dépositaire,
Avez-vous donc aux Dieux quelque reproche à faire ?

Ils vous offrent, Seigneur, les plus nobles travaux,
Le bonheur, la victoire & la fin de vos maux.

PHILOCTETE.

Pourquoi traîné-je encore une inutile vie,
Que le Ciel dès long-tems devrait m'avoir ravie ?
Que fais-je, hélas ! au monde où je n'ai qu'à souffrir ?
Faut-il combattre encor ce que je dois chérir !
Qu'un mortel généreux qu'il faut que je révère,
M'adresse cependant une vaine prière !
Pyrrhus, épargne-moi, cesse de m'accuser ;
Va, mon dernier malheur est de te refuser.
Mais, que demandes-tu ? quelle est ton injustice ?
Veux-tu que Philoctete à ce point s'avilisse ?
Qu'il reparaisse aux yeux des mortels indignés,
Couvert de tant d'affronts qu'il aura pardonnés ?
Où porter désormais ma honte volontaire ?
Ce soleil qui voit tout, ce jour qui nous éclaire,
Verra-t-il Philoctete auprès d'Ulysse assis ?
Et pourrai-je d'Atrée envisager les fils ?
Qu'en puis-je attendre encore ? & sur quelle assurance
D'un avenir meilleur fondes-tu l'espérance ?
Sais-tu quel traitement ils me gardent un jour ?
Va, de ces cœurs ingrats n'attends point de retour.
Le crime flétrit l'ame & ne conduit qu'au crime.
En leur faveur, dis-moi, quel intérêt t'anime ?
Je dois te l'avouer ; je m'étonne en effet
Que tu serves les Grecs après ce qu'ils t'ont fait.

TRAGÉDIE.

Toi-même me l'as dit, que leur lâche insolence
D'Ajax & de Pyrrhus outragea la vaillance,
Et des armes d'Achille osa priver son fils ;
Et ton bras s'armerait contre leurs ennemis !
Garde, garde plutôt le serment qui te lie ;
Remène Philoctete aux bords de Thessalie ;
Et toi-même à Scyros, tranquille & respecté,
Laisse périr les Grecs comme ils l'ont mérité.
Ainsi d'un malheureux tu finis la misère ;
Ainsi dans son tombeau tu consoles ton père ;
Et tu n'as plus la honte aux yeux de l'Univers,
De rester le complice & l'appui des pervers.

PYRRHUS.

C'est contre vous, Seigneur, que votre voix prononce.
Le Ciel veut vous guérir : sa clémence l'annonce :
Le remède est certain, & vous le rejetez !

PHILOCTETE.

Laisse-les-moi ces maux : je les ai supportés.

PYRRHUS.

Pyrrhus est votre ami.

PHILOCTETE.

          C'est l'ami des Atrides.
Tu voudrais me traîner au camp de ces perfides,
Où de tous mes malheurs le cruel souvenir....

PYRRHUS.

Il les vit commencer, il les verra finir ;
Et pour vous de salut il n'est point d'autre voie.

PHILOCTETE.

Ne parle plus des Grecs, ne parle plus de Troye.
Tous deux m'ont trop coûté de pleurs & de tourmens;
Je ne te dis qu'un mot : j'ai reçu tes sermens.
Veux-tu les accomplir ?

PYRRHUS.

Je les tiendrai sans doute,
Malgré tous les périls qu'il faut que je redoute,
Dût la Grèce en fureur contre nous deux s'armer.

PHILOCTETE.

Va, leur ressentiment ne doit pas t'alarmer.
Pyrrhus aura pour lui la vertu qui le guide,
La cause la plus juste, & les fléches d'Alcide.

PYRRHUS.

Eh bien donc, suivez-moi.

SCÈNE IV.

PHILOCTETE, PYRRHUS, ULYSSE, *Soldats de la suite d'Ulysse.*

ULYSSE.

Non, ne l'espérez pas,
Ulysse & tous les Grecs arrêteront vos pas.

PHILOCTETE.

Ulysse! attends, mes traits vont punir cet outrage.

PYRRHUS, *le retenant.*

Ah! gardez-vous d'en faire un si funeste usage.
Vous les tenez de moi.

TRAGÉDIE.

PHILOCTETE.
　　　　　　　　　Dans un sang odieux
Laisse-moi les tremper....
PYRRHUS.
　　　Seigneur, au nom des Dieux...
(Le tonnerre gronde.)
Écoutez, leur voix parle, entendez le tonnerre :
Leur pouvoir se déclare.
PHILOCTETE.
　　　　　　　　Oui, leur juste colère
M'encourage à frapper mon indigne ennemi.

SCÈNE V^e & dernière.

**PHILOCTETE, PYRRHUS, ULYSSE,
HERCULE,** *dans un nuage lumineux.* **Soldats.**

HERCULE.

Arrête, & reconnais Hercule & ton ami.
Je descends pour toi seul de la voûte éternelle.
Je partage des Dieux la grandeur immortelle.
Tu sais par quel chemin je m'y suis élevé :
Par les mêmes travaux tu dois être éprouvé.
Ton sort est de marcher dans les sentiers d'Alcide ;
Suis ce jeune Héros qui s'offre pour ton guide.
La Grèce sur tes pas conduira ses guerriers,
Et le sang de Pâris doit teindre tes lauriers.
Sa vie est dévouée aux flèches que tu portes.
Du coupable Ilion tu briseras les portes.

Pour Pyrrhus & pour toi les destins ont gardé
Ce triomphe éclatant, si long-temps retardé.
Allez chercher tous deux votre commune proye;
Présente au vieux Pœan les dépouilles de Troye;
Mais, lorsqu'en son palais tu rentreras vainqueur,
Rapportant dans Œta le prix de ta valeur,
Sur le tombeau d'Alcide offres-en les prémices;
A mes fléches, à moi tu dois ces sacrifices.
Vas, de ta guérison Esculape est chargé.
Rends grâce aux Immortels qui t'auront protégé.
Honore-les toujours : ta gloire est leur ouvrage;
D'un cœur religieux ils chérissent l'hommage;
Et la pure vertu, le plus beau don des Cieux,
Ne meurt point avec l'homme, & se rejoint aux Dieux.

(*Il remonte dans son nuage.*)

PHILOCTETE.

O voix auguste & chère, & long-temps attendue!
O voix avec transport de mon cœur entendue!
Je vous obéirai : tous mes ressentimens
Doivent être effacés dans de si doux momens.
Je me rends, c'en est fait : sous ces heureux auspices,
Partons, brave Pyrrhus, avec les vents propices.
Remplissons le destin qui nous est confié:
Je sers, en vous suivant, les Dieux & l'amitié.

Fin du troisième & dernier Acte.

www.ingramcontent.com/pod-product-compliance
Lightning Source LLC
LaVergne TN
LVHW050609090426
835512LV00008B/1407